高僧傳

元曉大師

海東菩薩

編撰——郭磊

【編撰者簡介】

郭磊

韓國東國大學歷史系文學博士。主要研究領域為韓國佛教史；在此基礎上持續探討中古時代東亞地區——特別是韓國與中國、日本的佛教交流。

大學時代接觸到佛教，認識到佛教是一種透過理論結合實踐的法門，可以讓人的身心獲得自由的生命教育，佛教對人類的重要性也就不言而喻。遂再次求學深造，想從一個信仰者的角度，經由佛學研究的方式來進一步學習；希望自己能做好本分事，保持平常心，成為自在人。

【「高僧傳」系列編輯序】

令眾生生歡喜者，則令一切如來歡喜

「為佛教，為眾生」六個字，乃是印順法師於臺北市龍江街慧日講堂（後因大門遷移，地址遷至朱崙街）為證嚴法師授予三皈依、並賜法名時的殷殷叮囑：「既然出家了，你要時時刻刻為佛教、為眾生。」

依證嚴法師解釋：「為佛教」是內修清淨行，「為眾生」則要挑起如來家業，走入人群救度眾生。因此法師稟承師訓，一心一志「為佛教還原教義，為眾生點亮心燈」，而開展慈濟眾生的志業。

歷代高僧之「為佛教、為眾生」

證嚴法師開創「靜思法脈，慈濟宗門」，並將其與「為佛教，為眾生」合釋：「靜思法脈」乃「為佛教」，是智慧；「慈濟宗門」即「為眾生」，是大愛。

進而言之，「靜思法脈，慈濟宗門」即菩薩道所強調的「悲智雙運」：「靜思法脈」是「智」，「慈濟宗門」是「悲」；傳承法脈、弘揚宗門就要「悲智雙運」，積極在人間發揮慈、悲、喜、捨四無量心。此亦即慈濟人開展四大志業、八大法印時的根本心要。

由其強調「悲智雙運」可知，「靜思法脈，慈濟宗門」並非標新立異，而是傳承佛陀教法以及漢傳佛教歷代高僧的教誨——包括身教與言教，並要求身心皆徹底踐履。為了讓世人明瞭慈濟宗門之初心與悲願，也讓這些歷代高僧的事蹟與精神更廣為人知，大愛電視臺秉持證嚴法師的信念，於二〇〇三年起陸續製作《鑑真大和尚》與《印順導師傳》動畫電影，將佛教史上高僧大德的動人故事，經由動畫電影的形式，傳遞到全世界。

因為電影的成功，大愛電視臺進一步籌畫更詳盡的電視版〈高僧傳〉——採取臺灣民眾雅俗共賞的歌仔戲形式。〈高僧傳〉的每一部劇本都是經過數個月的資料研讀與整理，縝密思考後才下筆，句句考證、字字斟酌。製作團隊感受到每一位大師皆以身作則、行菩薩道的特質，希望將每位高僧的大願與大行傳遍世界。

然而，不論是動畫或戲劇，恐難完整呈現《高僧傳》中所載之生命歷程，以及諸位高僧與祖師之思想以及對後世之貢獻。因此，慈濟人文志業中心便就〈高僧傳〉歌仔戲所演繹過的高僧，以《高僧傳》及《續高僧傳》之原著為基礎，含括了日、韓等國之佛教史上的知名高僧，編撰「高僧傳」系列叢書。我們不採取坊間已有之小說體形式，而是嚴謹地參照人物評傳的現代寫法，參酌相關之史著及評論，對其事蹟有所探討與省思，並將其社會背景、思想及影響皆納入，雜揉編撰，內容包括高僧的生平、傳承及主要思想或重要經典簡介。從中，我們不僅可以讀到歷代高僧的智慧與悲心，亦可一覽相關的佛教史地、典籍與思想。

在編輯過程中，我們可以看到歷代高僧之「為佛教，為眾生」：鳩摩羅什飽受戰亂、顛沛流離，仍戮力譯經，得令後人傳誦不絕，乃是為利益眾生；玄奘歷萬里之險取得梵本佛經、致力翻譯，其苦心孤詣，是為利益眾生；鑑真六次渡海欲至東瀛傳戒，眼盲亦不悔，是為利益眾生；六祖惠能隱居十五載以避害身之禍，只為弘揚如來心法，並言「佛法在世間，不離世間覺；離世求菩提，猶如覓兔角」，亦是為利益眾生……

這些高僧祖師大可獨善其身、如法修行以得解脫，為何要為法忘身、受諸逆境而不退？究其根本，他們不只是為了參究佛法，而是深知弘揚大乘佛法的目的乃在於大慈大悲地度化眾生、讓眾生能得安樂；若不能讓眾生同霑法益，求法何用？如《大智度論．卷二七》所云：

一切諸佛法中，慈悲為大；若無大慈大悲，便早入涅槃。

由此可知，就大乘精神而言，「為佛教」即應「為眾生」，實為一體之兩面。

「大悲」為「諸佛之祖母」

除了歷代高僧之示現，「為眾生」之菩薩道的實踐，於經教中更是多不勝數、歷歷可證。例如，《無量義經．德行品第一》便說明了菩薩作為眾生之大導師、大船師、大醫王之無量大悲：

> 無量大悲救苦眾生，是諸眾生真善知識，是諸眾生大良福田，是諸眾生不請之師，是諸眾生安隱樂處、救處、護處、大依止處。處處為眾作大導師，能為生盲而作眼目，聾劓啞者作耳鼻舌；諸根毀缺能令具足，顛狂荒亂作大正念。船師、大船師運載群生渡生死河，置涅槃岸；醫王、大醫王，分別病相曉了藥性，隨病授藥令眾樂服；調御、大調御，無諸放逸行，猶如象馬師，能調無不調；師子勇猛，威伏眾獸，難可沮壞。

如來於《法華經．觀世音菩薩普門品》中宣說，觀世音菩薩更以三十三種應化身度化眾生：

佛告無盡意菩薩：善男子，若有國土眾生，應以佛身得度者，觀世音菩薩即現佛身而為說法；應以辟支佛身得度者，即現辟支佛身而為說法；應以聲聞身得度者，即現聲聞身而為說法；應以梵王身得度者，即現梵王身而為說法；應以帝釋身得度者，即現帝釋身而為說法……應以天龍、夜叉、乾闥婆、阿修羅、迦樓羅、緊那羅、摩㬋羅伽、人非人等身得度者，即皆現之而為說法；應以執金剛神得度者，即現執金剛神而為說法。無盡意，是觀世音菩薩成就如是功德，以種種形遊諸國土，度脫眾生，是故汝等應當一心供養觀世音菩薩。是觀世音菩薩摩訶薩，於怖畏急難之中能施無畏，是故此娑婆世界皆號之為施無畏者。

為何觀世音菩薩要聞聲救苦？因為菩薩總是「人傷我痛、人苦我悲」，恆以「利他」為念。如《大丈夫論》所云：

菩薩見他苦時，即是菩薩極苦；見他樂時，即是菩薩大樂。以是故，菩薩恆為利他。

正是因為這般順隨眾生、「以種種形」而令其無畏的無量悲心，讓觀世音菩薩受到漢傳佛教乃至於華人民間信仰的共同崇敬。慈濟人之所以超越貧富、超越國界、超越宗教地去關懷與膚慰需要幫助的生命，便是效法觀世音菩薩無量悲心、無量應化的精神。

在《法華經．普賢菩薩勸發品》中發願、將於佛滅後守護及教導受持《法華經》之眾生的普賢菩薩，於《華嚴經．普賢行願品》中則教導善財童子如何供養諸佛，亦揭示了如來、菩薩、眾生的關係：

> 於諸病苦，為作良醫；於失道者，示其正路；於闇夜中，為作光明；於貧窮者，令得伏藏。菩薩如是平等饒益一切眾生。何以故？菩薩若能隨順眾生，則為隨順供養諸佛；若於眾生，尊重承事，則為尊重承事如來；若令眾生生歡喜者，則令一切如來歡喜。何以故？諸佛如來，以大悲心而為體故。因於眾生，而起大悲；因於大悲，生菩提心；因菩提心，成等正覺。……若諸菩薩，以大悲水饒益眾生，則能成就阿耨多羅三藐三菩提故。是故菩提，屬於

眾生；若無眾生，一切菩薩終不能成無上正覺。善男子，汝於此義，應如是解。以於眾生心平等故，則能成就圓滿大悲；以大悲心隨眾生故，則能成就供養如來。

《大智度論．卷二〇》亦云，佛陀強調，大悲心乃是諸佛菩薩之根本，具大悲心方能得般若智慧，亦方能成佛：

大悲，是一切諸佛、菩薩功德之根本，是般若波羅蜜之母，諸佛之祖母。菩薩以大悲心，故得般若波羅蜜；得般若波羅蜜，故得作佛。

「菩薩若能隨順眾生，則為隨順供養諸佛；若於眾生，尊重承事，則為尊重承事如來；若令眾生生歡喜者，則令一切如來歡喜。」閱及此段，不禁令人深深體會證嚴法師之智慧與悲心：慈濟宗門四大、八印之聞聲救苦、無量應化地「為眾生」，也是同時「為佛教」地供養諸佛、令一切如來歡喜啊！

歷代高僧雖未如慈濟宗門般推動慈善、醫療、乃至於環保、國際賑災等志業，乃因其時空因素，欲度化眾生先以弘揚大乘經教與法義為重；現今經教已備，所須的乃是效法菩薩道之力行實踐！慈濟宗門便是上承歷代高僧與經論之教法，推動四大、八印，行菩薩道饒益眾生，以此供養如來。

換言之，歷代高僧之風範、智慧及悲願，為佛教，也為眾生，此即諸佛菩薩之本懷，亦為慈濟宗門之本懷！這便是《高僧傳》系列叢書所欲彰顯者。

遙企歷代高僧儼然身影，我們可以肯定：為眾生，便是為佛教；為佛教，一定要為眾生！

【推薦序一】

讀《元曉大師》有感

——陳景富（陝西省社會科學院哲學研究所研究員）

元曉是朝鮮半島三國末年、統一新羅初葉的一位高僧，其人其學不僅為本國僧俗推崇，而且影響及於中國和日本。他曾立志前往大唐求法請益；雖然最後未圓大願，卻從他人的求法請益碩果中獲益匪淺，並藉此建立起自己的佛學體系。

朝鮮半島與中國之間的佛教文化交流，始於中國兩晉時期的曇始、順道、阿道諸位僧侶到高句麗傳法，摩羅難陀到百濟傳法和稍晚的阿道（與前者似非同一人）到新羅「逢時指法」；之後，即轉而以半島僧俗入華求法請益為主旋律。這項活動對佛教傳播半島並得以發展壯大至關重要。以上事實說明，朝鮮半島佛教源自中國是不爭的事實。

縱觀求法請益活動的全過程，其特點可以總結為以下幾點：

一是求法者眼光、思想敏銳，隨中國佛教發展變化而及時調整求法重心，即所謂「追蹤時學」，大致上保持了兩國間佛教發展階段上的同步性。

二是求法請益活動延續時間持久、參與人數廣泛、眾多，求法內容全面系統，堪稱世界文化交流史上罕有的現象。

三是求法活動的興衰與兩國間政治關係好壞息息相關。換言之，就是兩國關係密切，則求法活動就活躍、興盛，反之則停滯不前。

四是求法請益主從明確，即以入華求法為主、赴印求法為輔；以求取漢文佛教典籍、章疏為主，翻譯胡、梵典籍為輔，從而大大地提高了求法效率並保證了弘法質量。

五是通過「求法請益」體現的交流是雙向性、互補性的；當然，這種互補不是均等的。

自公元四世紀初葉以降至於一三九二年李成桂建立朝鮮政權前，據不完全統計，先後入華求法請益的半島僧俗有名姓可考者總數不下二百七十人；其中的一部分人終身留居中國弘法教化，直接為中國佛教的發展做出貢獻，如三論宗的僧朗、實法師、印法師，天台宗的波若、諦觀、義通、赤山法華院群僧，唯識宗的圓測，譯經僧神昉、智仁、勝莊、玄范，密宗的玄超、慧超，禪宗的無相禪師等，不一而足。大部分則學成歸國，成為韓國佛教發展的骨幹、領袖，創宗立說，大行法化，如天台宗的緣光、法融、理應、純英、智宗、大覺國師義天；律宗的圓光、慈藏（新羅佛教十聖之一）、圓勝；華嚴宗的義湘（新羅佛教十聖之一）、勝詮、梵修、崔致遠；密宗之明朗、惠通、惠日；禪宗的神行、慧昭、道義、洪直、慧徹、無染、玄昱、道允、梵日、行寂、順之、利嚴、麗嚴、迥微、慶猷、明照、慶甫、元輝、忠湛、坦幽，普愚、慧勤、自超、千熙等；這些禪僧中的許多人是韓國禪宗九山的創始者、掌門人，有的被譽為「無畏大士」。

以上事實說明，半島入華求法僧人所獲得的教益，以及其直接對中國佛教或韓國佛教的發展的推動作用，是顯而易見的。而沒有入華求法的半島僧人，也同樣因此受益匪淺；其中的傑出者，不僅成為韓國佛教發展的中流砥柱，而且對中國佛教也產生過重大影響。其中的義龍、巨擘之一，就是本書的主角元曉，韓國人尊稱其為「曉聖」。

元曉戒行如杯度、志（誌）公，方便化眾，學兼眾經，推尊大乘。所撰眾多章疏中，尤以《大乘起信論疏》影響最大，中國稱之為「海東疏」。有專家學者評論稱，元曉的佛學研究及乎中國當時的全部大乘思潮，對當時流行的大乘典籍都有深入的瞭解，堪稱博學多識，並因此能夠對當時中國佛教各個學派的是非作出評判，縱橫取捨，進而組織自己的學說。他於《疏》中稱讚《大乘起信論》在全部佛教中具有至高無上的地位，可見其對中國佛教影響之大、之深、之遠。而他能率先作出這樣的判斷，則反映了其眼光之敏銳與觀察之細緻。僅從這個評論便可看出元曉的佛學思想對中國佛教的影響和貢獻。

元曉的佛學思想的另一個重點是主「和諍」，實質上就是認為「大小、空有，同出一音」，不管宗派多少、法門異同，最終都應當、而且必然像江河歸海，同證正智，同登菩提。和諍思想與禪淨雙修、禪教一致說，都是主張教內和合、統一，反對紛爭、對立，甚至水火不容。這對於促進佛教的發展、教化增效的作用，是不言而喻的。

元曉的著述頗多，但行跡卻頗為疏略。郭磊博士聚散拾零，將中韓日等國有關元曉行狀的有限文獻記錄，結合元曉生活時代的社會、政治、佛教發展的環境、形勢等進行綜合分析、推演、述評，比較全面、系統地勾勒出了元曉成長為大師、聖者的軌跡，以及其佛學思想體系、學術水平、教化作用和貢獻，是一本甚為可讀的高僧傳記。特以此文致賀。

二〇一九年八月十日於西安寓所無說齋

【推薦序二】

影響東亞佛教的韓國高僧——元曉大師

——崔鉛植（韓國東國大學歷史系教授）

新羅의 元曉(617-686)는 한국은 물론 고대 동아시아 불교계를 대표하는 高僧이다. 7세기 중후반에 활동한 그는 당시 동아시아에서 연구되고 있던 다양한 불교학을 종합적으로 공부하고 이를 會通하기 위하여 노력하였다. 원효가 활동한 시기는 唐이라는 새로운 세계제국의 출현을 배경으로 기존의 다양한 불교사상들을 종합하면서 동시에 이전에 알려져 있지 않던 새로운 불교 이론들을 수용하여 보다 체계적이고 포괄적인 불교사상 체계를 수립하는 것이 요구되고 있었다. 玄奘의 인도 유학을 통한 신유식학 체계 수립이나 그러한 현장의 신유식학 사상에 대응하여 중생과 부처의 통일성을 추구한 智儼의 화엄사상 등은 이러한 시대적 요구에 부응하는 중요한 불교학적 성과라고 할 수 있다. 원효가 다양한 불교사상을 폭넓게 공부하고 이들을 종합하려고 하였던 것 역시 이러한 시대적 요구에 부응하려는 시도였다. 그는 특히 기존의 대승불교의 가르침들을 그 자체로 존중하면서 이들을 조화시키려는 和諍의 방향을 추구하였는데, 이것은 신유식학이나 화엄사상에 못지않은 불교의 종합적 체계화라고 평가할 수 있다.

다양한 불교사상의 조화를 추구하였던 원효는 그러한 和諍의 구체적 방법을 추구하는 과정에서 당시 그다지 주목되지 않았던 『大乘起信論』의 사상에 주목하고, 이를 적극적으로 연구하여 불교계에 새로운 사상 방향을 제시하였다. 『대승기신론』이 동아시아 불교계에 출현한 것은 6세기 중엽 무렵이지만 이 책이 불교계에 중요한 논서로 인정되고 널리 읽혀지는 것은 7세기 중엽 이후였다. 慧遠의 『大乘義章』을 비롯한 6세기말에서 7세기초의 문헌들 일부에서 『대승기신론』의 내용이 인용되고는 있지만 그 핵심 사상이 천양되거나 논의의 기초적 토대로 활용되지는 않았다. 반면에 7세기 중엽 이후에는 『대승기신론』이 불교계의 핵심적 문헌으로 부상하였다. 종파와 무관하게 『대승기신론』 사상이 중시되었고, 『대승기신론』의 내용이 불교계의 기본 상식으로 자리 잡아 갔다. 현재까지 확인되는 바로는 『대승기신론』의 사상을 절대적으로 천양하면서 그에 기초하여 논의를 전개한 것은 원효의 저술들이 시기적으로 가장 앞서는 것이다.

7세기중엽의 동아시아 불교계에는 당시까지 불교계의 주류적 흐름이었던 舊唯識을 대체하면서 보다 포괄적인 새로운 사상들이 출현하고 있었다. 玄奘系의 新唯識學과 智儼문하의 화엄사상은 그 대표적인 흐름이라고 할 수 있다. 그런데 원효가 중시하여 천양했던 『대승기신론』의 사상 역시 舊唯識을 대체하는 새로운 사상으로서 제시된 것이었다. 『대승기신론』은 玄奘의 新譯 論書들에 앞서 6세기 중엽에 이미 유통되었다는 사실 때문에 舊唯識의 일부로 이해되고 있지만, 실제 현장 이후의 이른 바 新唯識學派의 비판 대상이었던 舊唯識학자들의 사상에서 『대승기신론』의 위상은 그다지 높지 않았다. 구유식의 사상적 기반은 北朝에서 보리유지와 늑나마제가 번역한 경론과 남조에서 眞諦가 번역한 경론들이었다. 『대승기신론』은 그동안 眞諦가 번역한 것으로 알려졌고, 따라서 진제의 다른 번역 경론들과 비슷한 입장으로 여겨져 왔지만 최근의 연구들을 통해 밝혀진 것처럼 실제로는 번역자나 불교계에의 출현과 유통 배경이 명확하지 않은 크게 주목되지 않던 비주류적 논서였다. 『대승기신론』이 불교계에 본격적으로 대두하는 것은 7세기 중엽 혹은 그보다 조금 앞선 시기로서, 당시 불교계의 새로운 사상 조류였다고 할 수 있다.

원효는 새롭게 대두하는 현장 계통의 신유식학 사상에 의해 기존 구유식학이 쇠퇴하는 흐름 속에서 그에 대응할 사상적 체계로서 『대승기신론』에 주목하고 이를 적극적으로 발전시켰던 것으로 보인다. 원효는 동아시아 불교계에서 『대승기신론』의 사상을 선양하고 그 위상을 높이는데 선구적 역할을 하였다고 할 수 있다. 원효는 7세기 이후 현재에 이르기까지 동아시아 불교계의 핵심적 문헌으로 활용되고 있는 『대승기신론』의 본격적 발전자이자 활용자로서 중시될 필요가 있다.

원효의 사상적 의미는 물론 『대승기신론』의 발전과 선양에만 머물지 않는다. 그는 당대 불교학 전반에 조예가 깊었고, 이들을 종합하여 보다 완전한 불교사상을 체계화하고자 하였다. 그는 출가한 초기에는 당시 신라에 전해져 있던 중국의 南北朝 및 隋·唐初期에 성행하였던 地論學·攝論學·三論學 등을 수학하였고, 30대에는 인도 유학을 마치고 돌아온 玄奘의 명성을 듣고서 그가 번역한 문헌들을 통하여 新唯識學과 因明등의 새로운 불교사상을 공부하였다. 또한 50대가 되어서는 젊은 시절에 함께 공부했던 義相〔義湘〕이 唐에서 智儼의 화엄사상을 공부하고 돌아온 것을 계기로 그를 통하여 화엄사상을 이해하기 위하여 노력하였다. 그는 이밖에도 菩薩戒와 淨土思想에도 관심이 많았고, 대중교화에도 적극적이었다. 이와 같이 원효는 평생 쉬지 않고 다양한 불교사상을 배우기 위하여 노력하였고, 동시에 그런 다양한 불교사상들을 종합하고 이를 현실에 실천하기 위하여 노력하였다.

원효의 사상은 신라는 물론 唐과 日本 불교계에도 영향을 미쳤고, 후대에도 크게 중시되었다. 특히 澄觀과 宗密을 비롯한 중국의 화엄사상가, 일본의 天台宗과 淨土宗, 華嚴宗 학자들의 사상에는 원효 사상의 영향이 다양하게 확인되고 있다. 이러한 사상사적 위상에도 불구하고 원효의 행적과 사상 내용은 아직 한국 이외의 나라에는 충분히 소개되었다고 보기 힘들다. 물론 일부 전문 학자들은 원효 사상의 중요성에 주목하고 이에 대해 적지 않은 연구를 하고 있지만, 학계 바깥의 일반인들에게는 아직 원효는 그다지 친숙하지 못한 인물일 것이다. 이런 상황에서 간행되는 중국어판 元曉傳記는 원효의 구체적 생애와 사상을 臺灣을 비롯한 중국의 불교인들에게 널리 소개할 수 있는 중요한 저술이 될 수 있을 것이다.

이 책을 지은 郭磊博士는 2005 년 韓國에 유학하여 한국의 대표적 불교학자인 金相鉉教授의 문하에서 오랫동안 신라불교를 공부하였다. 김상현교수는 신라시대의 정치, 문화, 사상 등에 대해 폭넓은 이해를 바탕으로 신라 불교를 잘 이 있게 연구하였으며, 특히 신라의 대표적 사상가인 元曉에 주목하여 그의 생애와 사상 내용을 밝히는 많은 연구를 하였다. 한국 국내의 자료뿐 아니라 일본을 비롯한 외국의 자료를 적극적으로 수집하여 원효의 생애와 사상을 보다 체계적으로 이해할 수 있게 하였으며, 이러한 연구 활동의 성과를 『歷史로 읽는 元曉』(1994 년), 『元曉研究』(2000 년) 등의 저서로 간행하였다. 이들 저서는 현재 한국에서도 원효를 이해하기 위한 필독서로 널리 읽히고 있다. 김상현교수는 동아시아 불교계에 큰 업적을 남긴 원효의 생애와 사상이 한국을 넘어 외국에도 널리 알려지기를 원하였고, 2013 년 대학을 정년퇴직한 이후에는 더욱 적극적으로 외국학자들과 협력하여 원효 연구를 진행하려 계획하였다. 하지만 2013년 7월 김상현교수가 갑작스럽게 他界하면서 교수의 뜻은 실현되지 못하였다. 교수의 문하에서 수학한 郭磊博士에 의한 중국어판 元曉傳記의 간행은 김상현교수의 遺志를 계승한 일로서 큰 의미가 있다고 생각된다. 본 원효전기의 간행을 계기로 원효에 대한 학계와 일반의 관심이 높아지고, 이를 통해 다양한 불교사상을 종합하여 보다 완전한 불교사상을 추구하였던 원효의 뜻과 사상이 보다 널리 선양되기를 기대한다.

（中譯：郭磊）

新羅元曉（西元六一七至六八六年）是古代東亞佛教界的一位高僧。活躍在七世紀後半葉的他統攝佛教諸學，並予以會通。當時正值大唐帝國冉冉升起，佛教思想推陳出新、層出不窮，處在一個新舊交替的時代。如何理解那些前所未聞的佛教理論，就需要建立一些標準化的思想體系；前有玄奘法師印度求法而產生的新唯識學，後有與唯識思想相對應的、主張眾生與佛不二的智儼之華嚴思想；這些學派的思想，都可說是順應那個時代的需求而出現的佛教學成果。

而元曉深入經藏，博採眾家之長、對各種佛教思想進行會通融合的過程，也正是順應這種時代趨勢的一個嘗試。秉持對既有之大乘佛教的尊重，他在思考如何調和的過程中給出了「和諍」的方向，這可說是不亞於新唯識或者華嚴思想的一種佛教綜合體系。

志在調和各種佛教思想理論的元曉，在尋找如何實證「和諍」的具體方法的過程中，注意到了當時還不太為人所知的《大乘起信論》思想，繼而積極研讀，從而為當時的東亞佛教提供了一個全新的方向。《大乘起信論》出現在東亞佛教界大約是六世紀中葉，此論作為佛教界重要的論疏得到廣泛傳播卻是到了七世紀中葉以後。慧遠的《大乘義章》作於六世紀末、七世紀初，裡面有引用到《起信論》的一些內容，不過並未就此闡揚其核心思想或者作為探討《起信論》思想的基礎平臺而被使用。與此相反，七世紀中葉以後，《起信論》成為佛教界的核心文獻，各宗各派都非常重視其中的思想，《大乘起信論》當時便成為佛教界的基本共識。時至今日，能夠確認的，對於《起信論》的思想積極地宣揚、並以此為基礎展開論述的最早的著作，當屬元曉之作。

如前所述，七世紀中葉的東亞佛教處於一個新舊交替的時代，需要有更多的全新思想體系出現，玄奘的新唯識與智儼的華嚴都是當時的代表；元曉重視並且積極宣揚的《起信論》思想，也是當時替代舊唯識的新思想理論之一。因《起信論》在玄奘新譯經論之前的六世紀中葉就已經流通，故被理解為是舊唯識中的一部分；然而，在玄奘以後的所謂新唯識學派的批判對象——舊唯識學者們的思想體系中，《起信論》並沒有扮演重要的角色。舊唯識的思想基礎，是北朝的菩提流支和勒那摩提以及南朝的真諦所翻譯的經典；《起信論》曾一度被認為是真諦所翻譯的經典，所以其基調應該與真諦所翻譯的其他經論類似。不過，近來有研究指出，不論是《起信論》的作者、或是此論出現和流通過程都有很多謎團，應該是當時不被人注意的、非主流的一部論著。其在佛教界開始被重視是在七世紀中葉或者稍早的時候，可說是順應了當時佛教界思潮的發展。

元曉在新唯識蓬勃發展、舊唯識衰退薄弱的時代背景之下，對於能從思想上應對這一思潮變化的《大乘起信論》有了更多的思考，並進行了積極的探討。可以說，在宣揚《起信論》思想乃至提高其地位的過程中，元曉是一位先驅。自七世紀以來，乃至今日，《起信論》思想作為東亞佛教的核心位置不可撼動；對於元曉這位發現者和宣揚者，我們應該有更多的重視和瞭解。

當然，對於元曉的理解不只是在於他對《起信論》的重視和護持，其本身的佛學造詣也非常深厚，並試圖在此基礎之上構建一個完整的佛教思想體系。在元曉出家之初，中國南北朝以及隋唐初期盛行的地論學、攝論學、三論學等已經相繼傳入新羅，他都認真的研讀。在他三十多歲時，聽聞玄奘法師從印度取經返回長安，便慕名研讀了法師新翻譯的經典，繼而瞭解到新唯識學和因明等全新的佛教思想。元曉五十歲的時候，年輕時曾與他一起入唐求法的義湘返回新羅，以此為契機，又學習了智儼的華嚴思想。此外，他對菩薩戒和淨土思想亦頗多關心，對於教化大眾更是非常積極。

由此可知，元曉的一生都在不停歇地學習各種佛教思想，同時把這些佛教思想進行會通並實踐在生活中。其佛教思想對於新羅乃至中國和日本的佛教都有影響，深受後人重視；包括澄觀、宗密等華嚴祖師，日本的天台宗、淨土宗、華嚴宗學人的思想中，都可以找得到元曉思想的痕跡。

相較於元曉在佛教史上的重要位置，他的行跡和思想在韓國以外的國家還沒能得到更充分的介紹。當然，有一些佛教學者深知元曉思想的重要性，對其也展開了很多研究；但是，對於一般讀者來說，元曉還只是個陌生的外國僧人。在這種情況下，這本以中文寫就之《元曉大師——海東菩薩》的出現，無疑將成為臺灣乃至於中國大陸佛教信眾瞭解元曉生平及其思想的一部重要著作。

本書作者郭磊博士於二〇〇五年來韓求學之後，在韓國知名的佛教學者金相鉉教授門下專攻新羅佛教。金教授在新羅時代的政治、文化、思想研究基礎上，對新羅佛教進行了更加深入的研究，對於新羅時代的思想家元曉之生平和思想更是非常關注。他不僅蒐集了韓國國內的相關資料，對於中國、日本等國外的資料也都盡力搜羅與整理研究；諸多努力，最終匯集成了《歷史로읽는元曉》（一九九四年）、《元曉研究》（二〇〇〇年）兩部專著，並作為瞭解元曉的入門書在韓國被廣泛傳閱。金教授生前致力於將對東亞佛教界作出重大貢獻的新羅元曉之生平和思想宣揚到韓國以外的國家，二〇一三年退休之後依然積極地與國外學者合作，計畫進行更多有關元曉的研究。不幸的是，同年七月突發變故，金相鉉教授帶著遺憾離開了人世。

這部由他的門生郭磊博士執筆的中文版元曉傳記即將出版，在我看來，金相鉉教授的遺志得到了繼承，所以意義不凡。藉由此書的出版為契機，期待能有更多的學者和一般讀者都能對元曉有進一步的瞭解，繼而對其一生所致力的會通佛教諸宗、構建圓滿佛教思想體系的心願和付出同參同悟，廣而宣之。

【編撰者序】

出世入世，和諍不二

在歷史的長河中，有太多的人和事值得我們去回味；

而佛教的出現，讓我們的回味有了特別的意義。

歷史是入世的重複，佛教是出世的超越；

高僧帶給我們的啟發，正是重複中的超越。

中國佛教的歷史源遠流長，高僧輩出，毗鄰的韓國也深受佛教文化的影響。同樣隸屬漢字文化圈，韓國自古以來也有著悠久的佛教歷史，朝鮮半島上也出現過許多的高僧，如一盞盞明燈照亮我們前行的道路；他們教化民眾，代代相傳，延續至今。

元曉正是其中的佼佼者。

在一般韓國人的心目中，元曉是韓國的民族英雄，是韓國的精神脊梁，是真正的無冕之王！

元曉的生平

生活在七世紀的元曉適逢中國的唐太宗時期。西元六一七年，一個健康的男嬰誕生在押梁郡（今慶山），十五歲出家後埋頭於修行和教理的學習，四十歲前後廓然開悟。而後遇到了瑤石公主，兩人結為連理，生下了薛聰——日後成為赫赫有名的大學者。還俗後的元曉以「小性居士」自稱，往來於千村萬落，用他獨特的歌舞來教化眾生。他並經常徹夜研讀經典，筆耕不輟。公元六八六年，以七十高齡止化於穴寺。

元曉生活在七世紀，那是經歷了三國戰火連綿的混亂而後統一的時代。

元曉是一個解脫者，也是個自由人。他從俗人之枷鎖和束縛中得以解脫而獲得真正的自由，真的做到了行解並重，從理論上、從身體實踐上予以展現。

元曉還是個大學者；天賦的才能、如火的熱情、冷靜的批判、準確的論辯，都讓他如虎添翼；百餘種、二百四十多卷的巨著，成為佛教界乃至於全世界人民的寶貴遺產。他通達經律論三藏，把佛教思想體系化，並給出自己獨特的理解。元曉的佛教思想不僅成為韓國佛教的根本，還對中國、日本也產生了重要的影響。

元曉的思想

對於生活在這個時代的我們，元曉有著怎樣的啟發呢？

元曉的思想超越時間、國界和宗教，具有東亞的普世價值，讓我們能夠感受到現實性和創新性。他為我們展示的內心世界以及和諍思想，乃至這個自由之身對於今日的我們仍然具有重要的意義。

普為法界燃一燈，
願用傳燈周十方。

一燈能滅千年暗，而元曉就是燃燒在七世紀新羅人心中的一盞燈燭，至今仍照亮著東亞。這一盞無盡燈，讓多少人為之心潮澎湃！

元曉留給我們的是一座取之不盡的寶礦，留給現代的我們太多值得思考的開示。當然，最重要的，是我們要學習和瞭解元曉的世界，這應該是他留給我們的根本課題。

元曉是韓國人的自尊心，也是東亞人的驕傲；他的高度雖不可企及，卻值得年輕人去挑戰！

二十一世紀是個衝突的時代，衝突的原因是什麼？要如何看待這種被衝突所打算的世界秩序，乃至東西文明應當如何共存共生？

很明顯，「文明衝突」已成為一個全球性問題；特別是由於九一一恐怖主義襲擊和美國隨之的反恐戰爭，已經成為一個歷史事件不停地重複出現。可以說，「文明衝突」這個概念引發了很多波動。

這些問題，都應該從佛教思想中需找解答。

用一個簡單的思維或架構解釋整個世界史是危險的，特別是在考慮世界政治現實的複雜性或道德判斷的模糊性時。一切都取決於眾生的共業；「業」，可以說是世界的創造者、維護者和破壞者。世界上的一切都是通過與各種再生行為共同發生的。文明最終是由再生的集體行動形成的。應該說，文明沒有明確的形式或框架，它只能通過某些文明中特定的集體行為的性質來進行區分。

依佛教的理念，會盡量避免真理的教條化和宗教本身的絕對化。正因為如此，佛陀在《金剛經》中指出要拋棄執著，並用渡河的木筏做了比喻。在佛教中，佛陀所說教法雖依於經典及理論卻又不拘泥於其間；所以，佛教教義最終是作為眾生度彼岸之木筏和指向月亮（真理）的手指。

世界上的一切都在不斷變化，我們也根據前提進行調整。諸行無常，文明通過變革交流；文明是動態的，多變的，沒有固定不變的文明。因此，通過把握文明之間的關係來討論內戰是一個根本的錯誤，這種關係只是某種特定時刻的僵化和不變。

沒有文明與外界隔絕，文明總是與其他文明聯繫在一起；文明也超越空間，時間和種族，文明之間的交流仍然活躍。特別是，交通運輸的發達已經讓世界成為一個地球村。傳統上在國家和區域邊界發展的人類活動，現已邁入全球化，這已經是不可避免的趨勢。不同文明的接觸變得頻繁，其他文明的湧入和傳播變得自由。

根據華嚴之緣起，讓我們知道眾生有和平共處的可能，人類可以相互包容、相互尊重。這個世界是一個巨大的組合體，也是一個動態關係的網絡。作為一個不可分割的整體，融合各種不同並不意味著要同質同形。

融二而不一，這是元曉給出的理論。「不一」是指具有普遍性或多樣性之全體。把兩個不同的融合在一起就是「融二」，這正是元曉和諍理論的核心，這能讓不同的文明和諧共存。

縱觀元曉一生，他曾謹守戒律、思惟嚴謹、著作浩繁；而在四十多歲時，他卻捨戒還俗，與公主瑤石結為連理，並生一子。重要的是，他勇於打破貴族、宮廷界隔，游走於市井村落，用近乎癲狂的手舞足蹈來宣揚佛法，使佛教得以流布民間，成為新羅乃至今日韓國佛教之根幹。

瘋癲！叛逆！融二！不一！

他的一生就是他的思想之展現；這是他的命運，也是他的使命。

這就是小性居士——元曉！

心語無說

承蒙慈濟傳播人文志業基金會出版部編輯賴志銘博士邀稿，才有這次的機會向讀者諸君介紹韓國古代的高僧元曉以及韓國佛教。在此，首先要感謝武漢大學姚彬彬博士以及臺灣大學李明書博士的引薦！

對於自己來說，這個過程正如佛教所說的，因緣不可思議！

因為，一方面，作為一個學佛者，能有機會與大眾結善緣，還能更進一步瞭解慈濟，實乃幸事。

早在二十多年前，我在陝西西安讀大學，因為喜歡讀書，所以接觸到儒釋道的思想。大學畢業後，因為一個契機而皈依佛教並開始學佛。那時的大陸佛教尚在發展初期，肯去寺院的年輕人甚少；法師看到我們很是歡喜，給了很多書籍，大都是從臺灣流通而來，讓我因而對臺灣的佛光山、法鼓山、慈濟功德會、中台禪寺等有粗略的瞭解。

一晃若干年過去，因緣際會，走上了佛學研究之路。因為參加學術會議的緣故，陸續參訪過佛光山、法鼓山以及中台禪寺，卻一直沒有機會瞭解慈濟。這次，卻經由撰寫「高僧傳」叢書的因緣走入慈濟，所以說因緣不可思議。

另一方面，作為一個研究韓國佛教的學者來說，深知韓國佛教在東亞佛教發展歷史上曾有過重大的貢獻；不過，因為語言等障礙，不為大眾所知。這次正好藉由這個機會，可以讓一般讀者也能透過高僧傳記瞭解到佛教在東亞地區所呈現的另一番不同的面貌。

這是我生平第一本專書著作，對我自己來說有特別的意義，算是我走上佛教研究之路十五年的一份作業；只是，我覺得，雖然用力不少，但還有很多不足。一來是因為自己的學識和文筆尚有欠缺，二來是因為有關元曉生平的史料稀缺。如何才能讓大家看到一個有血有肉的元曉？思來想去，決定將自己學佛、研究中碰到的、想到的問題與心得，就這般樸素自然地寫成文章，恐怕捨此別無捷徑，只能我盡我心！

一路走來，我要衷心地感謝我的父母！他們撫養我長大，仁愛而開明。感謝妹妹！她代替我這個兒子盡了很多孝道，讓我安心在外打拚。

感謝陳景富先生！為我開啟了學術的大門，拓寬了我的眼界。感謝金相鉉先生！亦師亦父，教給我歷史研究的思維。感謝崔鉛植教授！引領我繼續在歷史研究的道路上前行。感謝學界諸位師友！一路的幫助和提攜。

感謝我的妻子！她的理解和付出，是我耕耘的基礎。感謝我的女兒！她的笑容和童稚，是我奮發的動力。

僅以此書獻給所有善因緣！

目錄

第三章　開悟・入世 131

嘆曰：「心生則種種法生，心滅則髑髏不二。如來大師曰三界唯心，豈欺我哉！」遂不復求師，即日還海東，疏《華嚴經》，大弘圓頓之教。

第四章　小性居士的教化 169

初發無上菩提心，出俗入道破諸相。雖知一心無二相，而滑群生沒苦海。起六八大超誓願，具修淨業離諸穢。法界身相難思議，寂然無為無不為。

參・和諍——天下無諍

統眾典之部分，歸萬流之一味；
開佛意之至公，和百家之異諍。
遂使擾擾眾生，僉歸無二之實性；
夢夢長睡，並到大覺之極果。

附錄

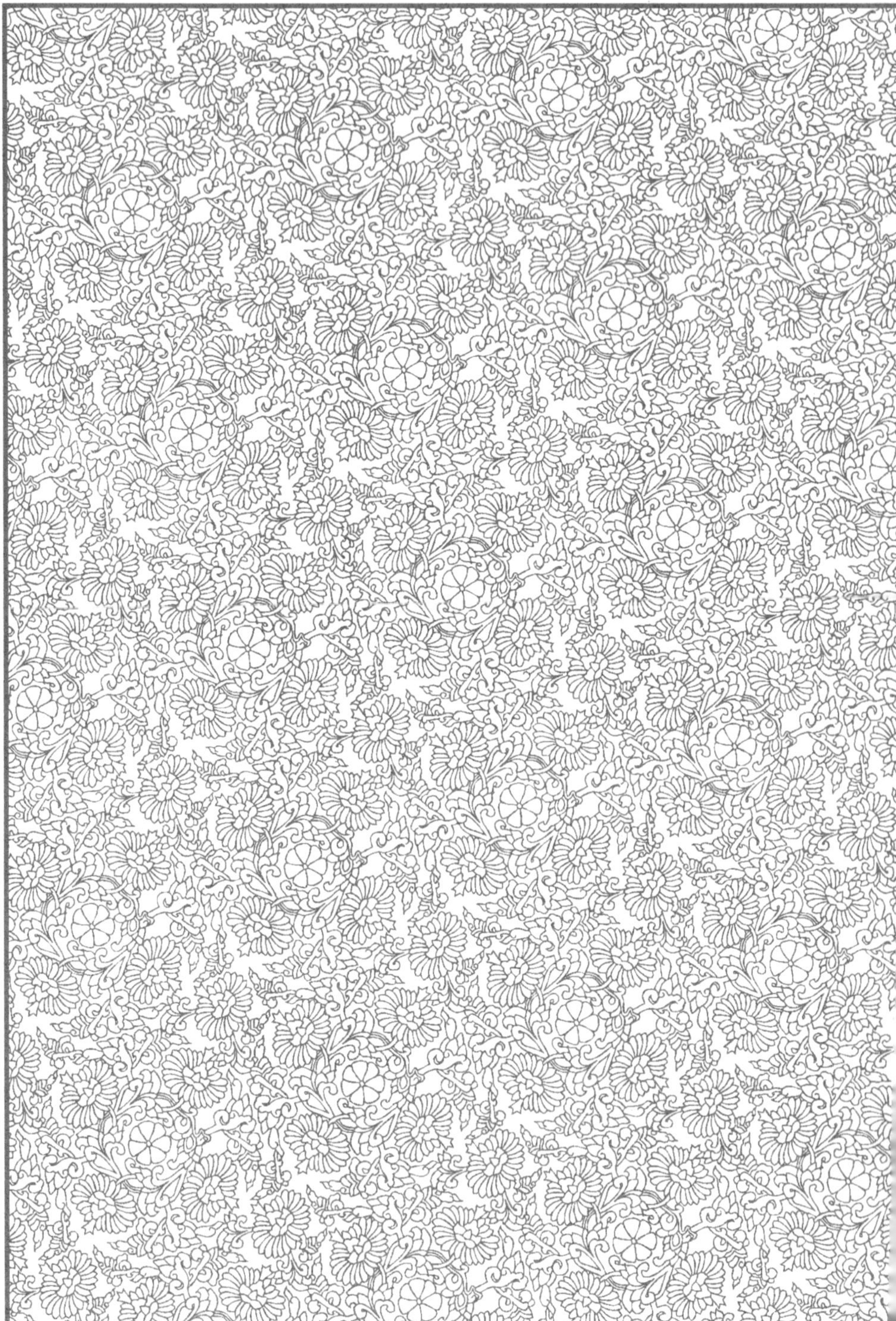

示現

第一章　出世少年郎

四大忽散不保久住，今日夕矣，頗行朝哉？世樂後苦，何貪著哉？一忍長樂，何不修哉？

當我們要瞭解一個人的生平，特別是一位在歷史長河中留下了偉大足跡的人物時，首先會關注他的出身背景。對於大多數人來說，他的出身、家庭，以及成長過程和後來的性格，多多少少都會受當時的社會環境所影響。

做為韓國佛教歷史上著名的高僧——元曉，他的誕生與其家庭、血統、以及當時的出生背景，究竟有著怎樣的關係？

栗子樹下誕生的「誓幢」

元曉俗姓薛。琉璃王九年（西元前十一年），他出生的村莊被改為六村，村長虎珍被賜予薛姓。雖然有人推測薛氏一族的起源為押督國王族的後代，但至今沒有證據能夠證明新羅六大姓氏之一的薛姓家族之發源地位於當時的首爾至慶州一帶。

雖然薛姓不是最高身分階層的「聖骨」（純王族）或「真骨」（具王族血統的貴族）；但在當時的社會中，依然是屬於「六頭品」的貴族身分階層，從事著相當多的社會活動。

薛支是在伐休王七年（西元一九〇年）成為左軍主；內海王時期的薛夫是腰車城的城主；薛原郎是第一位國選「花郎」；還有以世俗五戒著稱的圓光法師也姓薛。但是，作為六頭品的薛某在社會活動中仍然會受到一些限制；例如，六頭品只能升到十七階官等中的第六等阿湌，官職最好也就是執事部的侍郎或部卿等次官職位。這種限制不只是針對官階或官職，還涉及日常生活中的衣食住行的等級，甚至婚姻。

當然，與五頭品以下的身分階層相比，他們仍可以享有多種特權；但是，比起所享有的特權，他們對於聖骨和真骨階層的不滿可能更多吧！這應該是人性使然，時至今日依然如此。例如，真平王時期的貴族子弟薛罽頭，因不滿骨品制度而偷偷逃到唐朝的事實，足以證明這一點。

我們應該注意的是，元曉出生於擁有一定特權的六頭品貴族薛氏家族；而當時的新羅社會採用了嚴格的世襲身分制「骨品制」，任何人都沒有例外。（註一）

元曉的爺爺是仍皮公，亦稱赤大公。據說，一直到十三世紀後期，在赤大淵附近還修建有仍皮公的祠堂，可知他受到後人的敬仰程度。元曉的父親談棕是第十一位官等之奈麻，原本住在押梁郡的佛地村。在法與王時期以尚州為中心設立上州、以昌寧郡為中心設立下州時，押梁郡屬於下州。

元曉的家鄉被稱為京師，不過在贊寧所撰的《宋高僧傳》中說元曉是尚州人。正如《三國遺事》（註二）作者、高麗僧人一然的觀點，《宋高僧傳》是根據元曉的爺爺籍貫為準；而做為與元曉同鄉的他則認為，佛地村是從押梁郡中劃分出來的，隸屬於慈仁縣。因此，元曉的出生地應是他父親所生活的押梁郡佛地村。

據說，元曉的母親夢到流星飛進懷中，醒來後就發現自己懷孕了。胎夢是東亞傳統文化中的一個要素；縱觀歷史上許多偉人的誕生傳說中，胎夢亦是不可或缺的部分。例如，與元曉時代相近的人物——慈藏律師（西元五九〇至六五八年。創建梁山通度寺、榮州浮石寺，曾入唐習法），其母親夢見星星入體而生下；此外，新羅名將金庾信的母親也做過類似的胎夢。

《三國遺事》中記載著當時流傳於民間的有關元曉誕生的說法，可能是一然在自己的故鄉聽到的。

元曉的家在栗谷的西南方。在一個滿月夜，即將臨盆的元曉母親經過這個山谷，卻因為陣痛而難以前行；於是，元曉的父親把自己的衣服掛在樹枝上，在樹下為妻子搭建了一個臨時分娩居所，元曉便於真平王三十九年（西元六一七年）在樹下誕生。

如此看來，元曉的誕生傳說，似與釋尊的誕生傳說有相通之處。

相傳，迦毗羅衛城的摩耶夫人，夢到一隻六牙白象從天緩緩而降進入懷中：吉祥莊嚴的夢，預告著三界導師的降臨。經過十個月的漫長等待，摩耶夫人乘著轎子回娘家待產，途中經過藍毗尼園停留歇息時，夫人舉起右手輕撫新美的嫩葉；剎那間，太子即從母親的右脅安詳而生。降生後，即於十方周行七步，朵朵寶蓮自地湧現，承接其足；太子右手指天、左手指地，作獅子吼：「天上天下，唯我獨尊。」

元曉也是在樹下出生，有著五彩雲霞覆蓋大地。再者，元曉所在村落的名字為佛地村；正如這個名字一樣，把元曉的誕生描述成如同世尊的誕生。這種說法的形成和傳播，無疑是後人刻意傳頌的。也許是因為，元曉帶給大眾豐厚的精神恩惠，用明亮的智慧光芒喚醒了眾人，所以留下了這個動人的傳說。

在一個吉日，為了保護突然臨盆的妻子，元曉的父親脫下自己的衣服掛在樹上。隨著哇哇的哭聲，一個男孩兒降臨人世，他為孩子起名為「誓幢」。這個乘著五彩祥雲、在押梁郡佛地村栗樹谷栗樹下誕生的孩子，日後將令佛教義理廣為傳布，成為黑夜中的啟明星。

求道路上的懵懂少年

元曉生活的佛地村也曾被稱作發智村，這裡的人們更習慣稱之為佛等乙村；也許是因為有了元曉這樣的名士，才被後人尊稱為佛地村。不過，現在很難推測其準確的位置所在。

據說元曉生來聰慧，很多學問無師自通。不過，很可惜的是，現在有關他的傳記記錄中，幾乎沒有他青少年時期的資料。所以，作為他人生中決定性轉捩點的出家時期便不得而知，出家原因也難以考究。《宋高僧傳》中只提到元曉：「丱髮之年惠然入法，隨師稟業，游處無恆。」

韓國有學者認為，所謂「丱髮之年」是指十五歲的志學之年，所以推測元曉是在這個時候出家。此外，日本學者望月信亨則認為元曉是在二十九歲時的善德女王十四年（西元六四五年）在皇龍寺出家，並指證據出自《三國遺事》卷中；然而，我們並未從中找到這個記錄。關於這點，可能是與義湘出家的年代有所混淆；因為，在《三國遺事》中有關於義湘法師（最早來唐求法者，為韓國華嚴宗初祖）年二十九歲在皇福寺剃度的記錄。

考慮到當時出現於新羅青少年們的一個特殊組織——花郎（註三）——最活躍的時期都是在十五歲左右；所以，《宋高僧傳》記錄元曉在十五歲左右出家的可信度更高。

在佛地村長大的十五歲少年元曉，不知因為怎樣的契機而決意出家。胸懷大志的他，也許曾作為花郎的一員參加過戰爭，親眼目睹死亡，體驗到生命的極限，所以引發了他對生命的思考。不論元曉是否有這樣的經歷，花郎這一團體對於當時的新羅年輕人有著巨大的魅力和吸引力。

這裡須強調的是，成為花郎以及郎徒需要具備一定的身分等級，一般的平民百姓是沒法進入到這個貴族子弟集團的。花郎和郎徒的具體資格和身分雖然沒有確切的記載；但是，因為其成員以王京的六部民子弟為主要來源，出身貴族的元曉成為花郎也不無可能。

對於元曉來說，親歷戰爭、目睹死亡，可能成為他日後出家的契機；當然，這只是一種猜測。此外，還可以從另一個角度解讀元曉的出家動機。

當時，新羅社會的中央高層官職中，受到身分的影響而無法繼續高升的六頭品階層的士大夫大，都選擇了以宗教或學術作為退路。所以，從這個角度來看，元曉選擇了超越不平等身分制度的佛教，可謂明智之舉。

在當時，有年輕人因為反對新羅的骨品制度而偷偷跑到唐朝的例子，前文提到的薛罽頭就是如此。他也是六頭品出身，因為對當時新羅社會「非真骨不能當大臣、將軍」的約定俗成感到憤憤不平，於是在西元六二一年（真平王四十三年）偷偷乘船前往唐朝，以求大展身手。六四五年，唐太宗攻打高句麗時自願從軍，官至左武威科毅，戰死在遼東。

薛罽頭離開新羅時，元曉還是五歲的孩童，此時距他日後出家還有數年的時間；從薛罽頭的經歷或許可以認為，元曉對於這個身分制度有所不滿。然而，若是簡單地把元曉的出家動機解讀為出仕困難的某種抗議，恐怕是過於膚淺的認識。

正如佛陀還是悉達多太子時，因為看到人的生老病死而偷偷離開王宮，從此走上尋覓真理的道路那樣，對於心中燃燒著求道熱情的人來說，世俗的出人頭地和名譽沒有任何意義。

認真觀察新羅當時的社會情況，對於瞭解元曉的出家動機是有一定幫助的。年輕的元曉生活在真平王執政時代，即七世紀初期。當時，朝鮮半島的三個政權——新羅、百濟、高句麗三國之間，正處於激烈的交戰之中，沒有幾天安寧的日子。當時的年輕人大都要參軍上戰場，何時能返回家鄉沒人能預知，戰死沙場也屢見不鮮。

不只是一般士兵，就連將軍也不例外。金庾信（西元五九五至六七三年）

是為新羅統一三國立下赫赫戰功的名將，在三國混戰時期，因為忙於戰事，即便是經過家門口也無暇探望。真平王四十九年（西元六二七年）七月的某一天，生活在新羅境內西側邊境一個村落的三百多名男女老少，被百濟將軍沙乙率領的軍隊擄走。聽到這個消息的少年元曉，不禁悲傷落淚。除此之外，次年春天籠罩新羅全境的乾旱，讓往日的樂土變為地獄，甚至還發生父母把自己的子女賤賣為奴婢的慘劇。目睹這一切的元曉會作何感想？

當時的新羅年輕人，紛紛把自己的熱血和青春奉獻給祖國。那時有一首特別流行的長歌，是為了紀念戰爭中壯烈犧牲的贊德和奚論父子，歌中寫道：「苟且殘喘地活著，不如義無反顧地死去；即便是一個人，也要奮戰到底！」正是這些英勇事蹟激勵著後人。終於，在真平王五十一年（西元六二九年）八月，新羅與高句麗的娘臂城戰爭中，年輕的將軍金庾信帶領新羅軍砍下敵人首級五千、生俘一千。這一年，金庾信三十四歲，元曉十三歲。

真平王五十三年（西元六三一年）五月，大將漆宿謀反失敗被斬首示眾，同時誅九族；此外，還有為了爭奪王權而引發的種種對立。諸般外憂內患，少年元曉的心怎能不起波瀾？

在這樣複雜的社會環境下，縈繞在少年元曉腦海中的，也許是在思考：人們為什麼要爭吵乃至於搏殺？或許正是為瞭解開這些疑問，讓他選擇走上這條艱苦而漫長的求道旅程。

雖然新羅的佛教是在法興王十四年（西元五二七年）才得到上層統治階級的認可；但是，在這之前就已經有記載指出，佛教其實早已經傳入新羅，亦即早在五世紀左右從高句麗而來的僧侶「墨鬍子」（又稱黑鬍子）或者「阿道」，就已經向新羅王室傳播佛教。不過，要普及於一般民眾，則要等到佛教正式傳入新羅之後才有可能。

熾熱的求道心

元曉的青少年時期，正是新羅真平王（西元五七九至六三一年）執政的晚期，正處於新羅統一三國的前夕；生活在這個時代的大多數年輕人，註定將成為統一的基石、故事的主角。所謂時勢造英雄，讓我們來瞭解一下當時的新羅年輕人對未來的思考和準備。

這個時代的年輕群體大都積極進取，為了明天的出路而準備，他們大都選擇投身於花郎道或者佛教。花郎道是世俗的修行團體，佛教則可以開啟智慧，探尋人生的本質問題。

其實，花郎道也受到佛教很大的影響，其遵循的規範中就包含著佛教的教理。年輕人的內心中，比任何時候都充滿了對於求道的熱情和渴望，這是三國統一前夕的一個特殊時間點。

求道精神，是一種追求正確人生道路的積極心態，是任何時代任何人都可能存在的普遍現象。但在不同的時代、不同的社會背景、不同的人群，其程度可能不盡相同。正如元曉所說，人的煩惱有輕有重，是因為其構成因素差異之故。

新羅六頭品出身的兩個年輕人貴山和箒項，因為想結交士君子並修身養性，所以相約去加悉寺拜訪圓光法師。圓光法師曾於南朝陳時至中國學習佛法，精通涅槃、成實、攝論等學，後於真平王二十二年（西元六〇〇年）返回新羅。因其德行名聲在當時新羅社會廣為流傳，所以這兩位年輕人想從圓光法師那裡得到一些指點，就有了後來的花郎道所奉行的世俗五戒。尋求正道的兩位年輕人的求道熱情，成就了這一段佳話。

大約在真平王三十四年（西元六一二年）的某個夏日，兩個默默無聞的年輕人在石頭上刻下了他們的誓言，也就是現在收藏在國立慶州博物館內的「壬申誓記石」。誓言的內容如下：「壬申年六月十六日，二人並誓記，天前誓，今自三年以後，忠道執持，過失無誓。若此事失，天大罪得誓；若國不安大亂世，可容行誓之。又別先辛未年，七月廿二日大誓，詩尚書禮傳倫得誓三年。」

十七歲的花郎金庾信在真平王三十三年（西元六一一年）的某日前往中嶽（今韓國北漢山）的一個石窟認真祈禱：「我雖然體弱多病，願平定戰亂，希望上蒼賜予我力量。」認真地祈禱七天後，一個老人忽然現身，並交給了他如何使三國統一的方法。這個傳說的背後，可以看出新羅年輕人對於和平的渴望、對於戰爭的厭惡。

拜訪賢者、請示真理的貴山和箒項；向天立誓的兩位年輕人；為完成三國統一願望而祈禱的花郎金庾信……正是因為這些年輕人的心中滿懷求道的熱情，讓他們成為了日後三國統一的主角。這一時期，新羅的年輕人多為大丈夫，捨生忘死、維護正義就是他們青春的寫照；對天立誓、安邦興國的新羅年輕人，必將迎接光明的到來。

正是在這種社會氛圍中，元曉度過了他的青少年時期。以他的年齡，本應在家玩耍嬉戲，卻不得不親眼目睹戰爭的殘酷，血流成河、屍橫遍野，心中的救世火炬在熊熊地燃燒著。可想而知，當時那個拋棄世間貪欲、為探尋佛法奧義而決意出家的年輕求道者，其內心是何等焦慮。

他寫下了一篇名為〈發心修行章〉的文章，至今仍提醒著初入佛門的人們

應時刻發心反省。此文雖短，卻充分展現了元曉的發心和修行之心路。（註四）

這篇文章不一定是元曉年輕時的作品，也許是後來為了大眾教化而寫的。然而，不論其書寫的時間如何，整篇文章的字裡行間無不透露著他對佛法認知，向初學之人講說發菩提心之重要。

菩提心（梵語 Bodhicitta）即是成佛的心。菩提，梵文 bodhi，意譯為覺；大乘佛教中之「阿耨多羅三藐三菩提」（anuttarā-samyak-sambodhi），即「無上正等正覺」。發心求阿耨多羅三藐三菩提，名為發菩提心；發菩提心為菩薩因行與如來果證的動力。《華嚴經》中說：「菩提心者，如一切佛法種子。」菩薩是大乘佛教的理想，其基本前提是發菩提心，立誓願要為眾生利益而不入涅槃。

《華嚴經》中描寫了善財童子參訪善知識求道的過程，彌勒菩薩曾向來訪的善財童子講述了發心的重要性——

彌勒菩薩對眾人道：「此童子善根廣大，發無上菩提心，利樂有情，造福人間，不辭千辛萬苦，參拜眾多善知識者；已具三十二相雛形，當生如來家，住灌頂位，是成佛種子。但還稍有不足，欠缺行動，要學普賢菩薩的大行。」

彌勒菩薩手摸善財頭頂，繼續說道：「佛子，你已發無上菩提心，其心堅固如金剛，如明燈照破癡暗，如大海容納百川，如寶劍能降眾魔，如妙香能除諸穢，如智慧水能息煩惱；所以能勇猛精進，誓求造福人間，利樂有情！」

菩提心的本體，就是利益一切眾生、讓他們獲得如來正等覺果位的大願。如《現觀莊嚴論》所云：「發心為利他，求正等菩提。」

此菩提心為一切諸佛之種子，是淨法長養之良田；若發起此心，勤行精進，則得速成無上菩提。蓋此菩提心乃大乘菩薩最初必發起之大心，為菩提之根本。

元曉在〈發心修行章〉中反覆強調了發心和修行的重要性：

四大忽散，不保久住；今日夕矣，頗行朝哉。

世樂後苦，何貪著哉？一忍長樂，何不修哉？

這是元曉對自己的鞭策，也是對後來者的勸誡；若自己未曾發心，又怎能勸他人發心？

他在〈發心修行章〉的最後寫道：

今日不盡，造惡日多；明日無盡、作善日少。
今年不盡，無限煩惱；來年無盡，不進菩提。
時時移移，速經日夜；日日移移，速經月晦。
月月移移，忽來年至；年年移移，暫到死門。
破車不行，老人不修；臥生懈怠，坐起亂識。
幾生不修，虛過日夜；幾活空身，一生不修。
身必有終，後身何乎？莫速急乎！莫速急乎！

如果現在還不修行，時間久了，以後就越來越難；起初雖然痛苦，長久以往，便習以為常，即可成就。世出世法，皆是如此。為了書寫新的歷史，迎接未知的人生，便要從當下便發心磨練。

誓將「元曉」

元曉出家的七世紀上半葉，佛教已經在新羅流傳了上百年；統治階層根據佛教的理念制定法規來管理國家，並讓一般平民百姓也都皈依佛教，安身立命，有所寄託。

當時，在新羅的首都慶州有相當多寺院，如新羅最早的寺院興倫寺、由宮殿而改建的皇龍寺，此外還有實際寺、安興寺、永興寺等。寺院裡每日的晨鐘暮鼓，安撫著人們浮躁而疲憊的身心，還會敲醒他們沉睡的靈魂。善德女王三年（西元六三四年）建立了芬皇寺，元曉多年後來到這裡修行，並寫下了〈發心修行章〉。

新羅佛教界當時有自唐朝留學歸來的五十多歲僧人安含，還有與安含一同來到新羅的印度僧侶毗摩羅真帝、農加陀、佛陀僧伽等人。此外，還有於善德女王元年（西元六三二年）入唐求法、善德女王四年（西元六三五年）返回新羅的明郎，以及在新羅國內德高望重的密本等高僧。年事已高的圓光，參加了善德女王五年（西元六三六年）在皇龍寺舉行的百高座會，並宣講《仁王般若經》；這一年，還曾一次剃度了百人出家為僧。供奉百名高僧而舉辦的「百高座會」，早在真平王三十六年（西元六一三年）便曾舉辦過。

善德女王十二年（西元六四三年），高僧慈藏從唐朝返回新羅，被任命為大國通，成為引領新羅佛教的代表高僧。佛教的本土化發展過程中，因為慈藏的努力，使佛教在新羅的根基得以鞏固，舉國上下約有八九成百姓都皈依了佛教。由此可知，佛教在七世紀上半葉已深深扎根新羅。

不過，儘管佛教在新羅得以廣泛傳播，但流行的多是各種祈福的咒術等，對於佛教教理的認知並不高。直到元曉、義湘、順憬、義寂、憬興等高僧著作廣為流通，才使得新羅的佛教學在深度和廣度上有了長足發展。當然，在這以前，經由新羅入唐求法僧的努力，很多大乘經典已經被傳入新羅；在此基礎之上，經由元曉等高僧的解讀，成就了韓國佛教的黃金時代。

走上求道之路的少年元曉，後來把自家的房屋捐出建寺，寺名「初開」。類似的例子還有慈藏；入唐求法歸來後，他也捨家建寺，寺名「元寧」。此外，明郎也在自家的基礎上修建了金光寺。僧侶出家後捨家建寺的情況，似乎在當時甚為普遍。

《三國遺事》作者僧人一然曾這麼解釋元曉的法名：「初現佛陀智慧光明」。元曉誕生的佛地村，寺名初開，自稱元曉，都有「佛日初輝」之意。元曉一詞其實也是新羅方言，當時的人們都稱其為「始旦」。

總之，不管是元曉的漢字意義、還是新羅方言，都包含著「淩晨」的意思；「曉」字還有「明瞭，知曉」的含義，可與佛教的開悟聯繫在一起。年輕求道者用「元曉」替代了世俗的名字「誓幢」，誓願「傳播佛陀的智慧光明」。當然，元曉並不是因為他名字具有的意義而偉大，而是因為他的思想和佛學造詣，讓我們尊崇和敬仰。

住在初開寺的元曉明白，要度過漫長的黑暗才能迎來黎明的燦爛光芒。他明瞭，作為一個修行者，要有正確的發心方為正道；發心不正，一切都是徒勞。

元曉自己也曾說過：「末世修行者中，想要正法的人越來也少，尋求邪道的人卻越來越多。世俗中求名求利，修行上只求表面的平靜，徒勞地虛度光陰，何來安定？離開這種錯誤的欲求，才可謂端正意志。所謂正信契理，利人利己；無常之道，當以正志為重。」

從他的這番言論可以看出，修行者立志、發願的重要性；發心既面向內心，也通向光明。在黑暗中渴望黎明曙光，迎向光明，正是這位年輕求道者內心廣大而圓滿的誓願。

「我希望自己能作法門龍象，為此我將忍辱負重，不畏長路漫漫，也不怕風吹雨打。」這是年輕元曉內心的聲音，他早就做好了刻苦耐勞的準備。「全身冰冷也不奢望柴火的溫暖，飢腸轆轆也不貪求佳肴。」

不能因為沒有元曉年輕時的相關記錄，就單純地把其成就歸結於因他擁有過人智慧與能力。這會讓我們對於他為韓國佛教所帶來的偉大造詣和成就的解讀，顯得蒼白無力。

我們生活的這個世界，有許多奇妙的規則；雖看不到也摸不著，卻始終起著作用；比如著名的「黃金分割」——當比例正確，就會出現美麗的圖案、動聽的音樂。這些規則很神奇，如果你依規則行事，則可事半功倍；但若違反，則會遭遇逆境。這些規律似乎在冥冥中操縱著一切，無人能夠抗拒。

天才也需努力方有所成就；時至今日，依然如此。正如元曉，不能只是單單強調他的天才和卓越；沒有年輕時歷經磨練，怎會成就日後的偉大思想與事蹟？人生是現實，不是童話，沒有人能隨隨便便成功，更何況在佛學造詣上如此深厚的元曉！品讀他的著作後你會發現，其成功的根本，是因其比常人付出數十倍甚至百倍的努力為基礎而得來的，你還會認為僅僅是因其天賦嗎？

離開家鄉的元曉，前往首都慶州。雖然不知道誰為其剃度出家、傳戒，他度過了怎樣的修行心路；但有一點可以肯定的是，年輕的他並未虛度光陰。如其〈發心修行章〉中寫道：「高岳峨岩，智人所居；碧松深谷、行者所栖。飢餐木果，慰其飢腸；渴飲流水，息其渴情。」可見其生活之刻苦。

佛陀曾說過：「修行人當放下萬緣，處於寂靜處，精勤修學出世之禪定。」元曉也認為，修行應選擇人跡罕至之處；畢竟是前期的自利階段，自身能力尚且不足，又如何去助人？遂選擇一寂靜之地，在沉默中積累，等待聚沙成塔的質變。

隱跡在深山中的年輕修行者，注視著映入眼簾的春花雪月、夏雨秋葉，陷入了深深的思索。遠離塵囂、趨入山林雖是每一個虔誠修行者必經的過程，卻並非人人皆有機會。若暫不具此福報，可在守持清淨戒律的基礎上，以佛法智慧直面人生；無論獨處抑或置身鬧市，皆可護持正念、隨力行善，亦是修行。不論是入山精修，抑或紅塵歷練，如此循環往復，假以時日，必能開啟心中的光明。

《金剛經》開篇云：

爾時世尊，食時，著衣持鉢，入舍衛大城乞食。於其城中，次第乞已，還至本處。飯食訖，收衣鉢，洗足已，敷座而坐。

「乞食」這個詞，換一個我們比較熟悉的說法，就是「化齋」。乞食是古印度修行者最基本的修行方式之一；因為，修行人一心專注修行，並不事勞作；想要長養性命，乞食就是最基本的生存方式。

佛陀示現乞食之行，有著許多意涵。首先，乞食可以離俗；只是靠乞食而生，可以遠離俗世營生，少與世俗糾葛，方能專心修行。其次，乞食能更深刻地感知眾生平等。佛陀雖曾貴為太子，依然要引領眾弟子於眾生門前乞食；即使成道後深受弟子尊崇，他依然不願安享別人的供養，而是親自托鉢乞食，以身體力行來教導弟子及信眾，懂得眾生平等之理。經文中云佛陀「次第乞已」，是說佛陀乞食不分貴賤，均依次挨家沿門托鉢；無論豐薄、葷素，皆欣然接受。

此外，托鉢乞食，還能培養對眾生的感恩。所謂：「施主一粒米，大如須彌山，今生不了道，披毛帶角還。」接受眾生的布施，就得一心修行，為眾生祈福、修福，發願度化眾生。

瞭解了乞食的意義，我們就明白了佛法是應該怎樣修行——修行就要放得下，一切都要放下。

佛教傳入中國後，適應民情風俗的改變以及食物來源形式之不同，產生了另一番新的風貌。佛教初傳中土，中國沙門仍然堅守著佛陀的遺教；但是，後來僧人逐漸改變了托鉢乞食的方式。最早可見的記錄是於東晉安帝義熙元年（西元四〇五年）道恆的《釋駁論》中指出，當時沙門「或墾殖田圃，與農夫齊流」，可知當時僧人已開始耕種了。

為什麼中國僧人無法再過乞食的生活呢？這與中國的民情及僧團在中國的發展有關。

在中國的文化裡，「乞討」是卑賤的行為，何況在普遍重視勞動的社會裡，僧人乞食被視為「不事勞作，不事生產」，難以獲得社會大眾的認同與尊敬。

其次，僧團人數不斷增加擴大，寺院又位處偏遠，端賴托鉢乞食維生有實質的困難。在此情況下，自南北朝以來，皇室貴族以賜田與捨田的方式供養僧人，不再直接布施飲食；相應地，僧團也必須自行組織生產的方式，以便自給自足。

生活在新羅時代的僧人也沒有托鉢乞食的習俗，而是由施主供養。元曉在〈發心修行章〉寫道：「得粥祝願不解其意，亦不檀越所羞恥乎？得食唱唄不達其趣，亦不賢聖應慚愧乎？」元曉的這番話，包含著對施主恩情的感激。

唐朝懷信編撰的《釋門自鏡錄》中，收錄了一則新羅禪師割肉酬施主的故事——

「傳說在隋末，新羅國有一不知其名的禪師，在一檀越（施主）家偏受供養。檀越信力堅深，因家途豐渥，朝夕四事都盡心供養。禪師年老往生，依法埋葬。不久後，施主家園中枯木忽生軟菌，家人採之，味同於肉；大小歡慶，日日取之，而枯木取用無盡。不久後，盡人皆知。

「一鄰人欲趁夜竊之，忽聞木作人聲云：誰割我肉，我不負君！其人驚問：你是誰啊？答曰：我是已故的某禪師，因為我道行輕微，受主人重心供養、業不能消，來此償債。你能為我乞物還主人，吾即得解脫。

「鄰人想起這段往事，甚為驚異與感慨，即告主人。主人聞此，不禁哀號欲絕，對木懺悔。鄰人為乞一百碩米來與主人，於是園中不復生也。」

從這則故事我們得知，這位新羅禪師只是貪圖供養，卻不知精進修行，不免輪迴不說，還得再來償還宿業。佛說：「施主一粒米，大如須彌山。」佛的眼中，一粒米都會有如此深重的意義；須知人生當中，所穿、所吃的，一切物質皆得之不易。一粒小小的米，是集合宇宙的因緣所成：種子為因，加上水分、陽光、空氣、土壤、肥料、人為灌溉等助緣，才能長成纍纍稻實。因緣法實是宇宙顛撲不破的真理。

未忘施主恩惠的元曉，作為年輕修行者的他也不敢怠惰。就像農夫開墾土地耕種，等待秋天的收穫一般；出家人為他人做福田的同時，也是為自己積累福德。自利即是利他，人我不二。修行者在人的心田開墾，種下「智慧種子」，等待「菩提果實」。世人要想成功，尚需不懈的努力，更何況懷有出世大願的修行人！

元曉經常於「晝夜六時，禮拜諸佛；供養讚歎，懺悔勸請；隨喜迴向，無上菩提。」這也成為今日韓國佛教修行的特色之一，即今日流行的三千拜、一萬拜，意在藉由這種短時間、高強度的修行，剋期取證。這樣的傳統，正如年輕求道者所說的「哪怕全身冰冷，也不奢望柴火的溫暖！」

元曉生活的那個年代，人們對於佛教的信仰很深，但這並不意味著那是個太平盛世；反而因為善德女王統治國家之故，新羅社會比任何時候都充滿了危機意識。

真興王時代（西元五五四〇至五七六年）的領土擴張，引起了高句麗和百濟的警覺，兩國甚至制定了對新羅的共同防衛線。

歷經前幾任王的統治，到了善德女王時代，面臨高句麗及百濟的軍事威脅，別說是進軍，就連防禦都很難做到萬無一失，現有的領地都很難保全。年輕的元曉在那個時候心懷極大的求道熱情，沉醉於佛法的探究；但是，繼承王位的善德女王卻無安心之日。

善德女王繼位的第二年，即西元六三三年八月，百濟入侵新羅的西陲邊境。西元六三六年五月，百濟將軍於召帶領五百名精兵悄悄地埋伏在王京附近的山谷中，後續則有一千二百人騎兵趕來。

好在，善德女王早已得知這次突襲，派遣閼川、弼吞兩位將軍率領二千精兵擊退了百濟的突襲；不過，已經被百濟攻打到首都慶州附近。不得不說，當時局勢相當危險。

屋漏偏逢連夜雨，西元六三八年十月，高句麗的軍隊攻下了新羅北方的七重城，雙方的拉鋸戰持續了一個多月之久。

善德女王十一年（西元六百四十二年）七月，百濟的義慈王發兵，連取新羅西邊四十多城。同年八月，百濟與高句麗的聯軍攻打了黨項城，截斷了前往大唐之路。稍後，百濟將軍允忠率兵攻下了大耶城，鎮守城池的都督品釋及其夫人壯烈戰死。品釋的夫人，是金春秋（日後統一新羅的第一任王）的女兒。

百濟和高句麗對新羅的侵略，使得新羅陷入了孤立狀態，危機重重。這是元曉出家修行的十餘年間發生的事情；特別是善德女王十一年的危機，正值元曉二十六歲，他無時不刻面臨著國家滅亡的威脅。雖然山寺遠離戰場，年輕修道者的心又哪能不起波瀾？戰場上失去子女的母親痛哭聲、祈禱郎君從戰場平安返回的年輕女子祈禱聲，又怎能充耳不聞呢？

我們生活的這個世界，在佛教中叫做「娑婆世界」；「娑婆」（Sahā）意為「堪忍」，意即「還能夠忍耐」。這個世界有苦有樂，總的來說是苦多樂少；所謂的「樂」，也不過是苦中作樂而已。我們內在的煩惱甚大，但要忍耐；外在的亂象、汙染，也要忍耐。可以活下去，但不是那麼容易。《阿彌陀經》說這是「五濁惡世」。諸佛菩薩很佩服眾生能忍受這個世界，難忍而能忍下來，所以叫「堪忍世界」。

娑婆世界的另外一個意思是「缺陷世界」，這個世界沒有一樣東西是沒有缺陷的；來到這個世界的我們無從選擇，只是順應每個人的因緣而已。

年輕的求道者元曉也不可避免，他的年輕時期似乎也不太平，與他所追求的靜思苦修還是有些距離。不過，元曉灑脫地說：即使是不好的時候，也不應該失去「中道一味」。元曉的思辨，可說正是在那個戰爭不斷、危機四伏的年代形成的。

日後，元曉的佛教思想以「和諍」為中心而展開，他年輕時所經歷的時代背景對其不無影響。換句話說，年輕的修道者從那時候起，腦海裡便不斷思考著：為什麼有戰爭？人為何爭鬥？如何能化解是非？

【註釋】

註一：骨品即血統。古代新羅將國人分為聖骨（純王族）、真骨（具王族血統的貴族）、頭骨、六頭品、五頭品、四頭品、三頭品、二頭品、一頭品九個等級；其中，四頭品或以上為貴族，三頭品或以下為平民，根據不同等級分別制定出擔任官職的最高限度。

換言之，根據骨品的高低，便決定了某人一生的命運；大到官職，小到日常的婚喪嫁娶，均具有世襲的性質。其制度本身也非常嚴格，堪比我們所熟知的印度種姓制度。

新羅骨品制於新羅創建時期也隨之形成，到六世紀初已經法制化；此後，從新羅三國統一到滅亡，在約四百年間始終一貫地發揮著作用。

註二：韓國的「三國時代」，是指在西元前五十七年到西元六六八年之間占據遼東和韓半島的三個國家：高句麗、百濟、新羅。七世紀時，新羅統一了朝鮮半島大同江以南地區，開啟了統一新羅時代。

註三：「花郎」為新羅時代的青年團體。主要召集貴族子弟中相貌俊秀的人，一邊鍛煉身心，一邊兼顧學問和修養；有許多優秀的將軍和忠臣皆來自這個團體。

花郎組織的構成是花郎四到七人，下有郎徒數千人。根據《三國史記》中的記載，最早創建於西元五七六年（新羅振興王三十七年）。據推測，這種性質的團體在當時的朝鮮半島三國都有；因為，當時三國正處於激烈的戰爭中，培養有能力的人才尤為迫切。新羅在統一三國時，確實得到花郎出身的許多人才幫助。

另一方面，花郎道還有其戒律——世俗五戒，這是由圓光法師所指定的，所謂「事君以忠、事親以孝、交友以信、殺生有擇、臨戰無退」。由這五戒可以看出，花郎道其實融入了儒釋道三家之思想。

註四：〈發心修行章〉芬皇寺沙門元曉述

夫諸佛諸佛，莊嚴寂滅宮，於多劫海捨欲苦行。

眾生眾生，輪迴火宅門，於無量世，貪欲不捨。

無防天堂，少往至者；三毒煩惱、為自家財。

無誘惡道，多往入者；四蛇五欲、為妄心寶。

人誰不欲歸山修道，而為不進、愛欲所纏。

然而不歸山藪修心，隨自身力，不捨善行。

自樂能捨，信敬如聖；難行能行，尊重如佛。

慳貪於物，是魔眷屬；慈悲布施，是法王子。
高岳峩巖，智人所居；碧松深谷，行者所棲。
飢餐木果，慰其飢腸；渴飲流水，息其渴情。
喫甘愛養，此身定壞；著柔守護，命必有終。
助響巖穴，為念佛堂；哀鳴鴨鳥，為歡心友。
拜膝如冰，無戀火心；餓腸如切，無求食念。
忽至百年，云何不學？一生幾何，不修放逸。
離心中愛，是名沙門；不戀世俗，是名出家。
行者羅網，狗被象皮；道人戀懷，蝟入鼠宮。
雖有才智，居邑家者，諸佛是人生悲憂心。
設無道行，住山室者，眾聖是人生歡喜心。
雖有才學，無戒行者，如寶所導而不起行。
雖有勤行，無智慧者，欲往東方而向西行。
有智人所行，蒸米作飯；無智人所行，蒸沙作飯。

共知喫食而慰飢腸，不知學法而改癡心。

行智俱備，如車二輪；自利利他，如鳥兩翼。

得粥祝願不解其意，亦不檀越所羞恥乎？

得食唱唄不達其趣，亦不賢聖應慚愧乎？

人惡尾蟲，不辨淨穢；聖憎沙門，不辨淨穢。

棄世間喧，乘空天上，戒為善梯。

是故破戒為他福田，如折翼鳥負龜翔空。

自罪未脫，他罪不贖，然豈無戒行受他供給？

無行空身，養無利益；無常浮命，愛惜不保。

望龍象德，能忍長苦；期獅子座，永背欲樂。

行者心淨，諸天共讚；道人戀色，善神捨離。

四大忽散，不保久住；今日夕矣，頗行朝哉。

世樂後苦，何貪著哉？一忍長樂，何不修哉？

是道人貪，行者羞恥；出家富，是君子所笑。

遮言不盡、貪著不已；第二無盡，不斷愛著。
此事無限，世事不捨；彼謀無際，絕心不起。
今日不盡，造惡日多；明日無盡，作善日少。
今年不盡，無限煩惱；來年無盡，不進菩提。
時時移移，速經日夜；日日移移，速經月晦。
月月移移，忽來年至；年年移移，暫到死門。
破車不行，老人不修；臥生懈怠，坐起亂識。
幾生不修，虛過日夜；幾活空身，一生不修。
身必有終，後身何乎？莫速急乎！莫速急乎！

第二章　參學・入唐

學者必求師，從師不可不謹也。學貴得師，亦貴得友。立志如山，行道如水。入唐求法，成就殊勝。

修行人應當有一雙智慧而清澈的「眼睛」，方可分辨俗世間的紛擾雜亂；但常人往往慧眼難開，所以需明師指點。韓愈曾說：「師者，傳道、授業、解惑也。」除了道出「為人師」的角色及責任，也指出：透過師徒間的傳承，能使真理更為廣泛地傳播。

磻高寺郎智大師

《三國遺事》中曾提到元曉生而聰慧，學不從師，此為前世善根功德。《宋高僧傳》中稱其「隨師稟業，游處無恆。」元曉年輕時四處參訪，曾跟隨高僧朗智、普德、惠空等人學習，並努力修持；與生俱來的天賦加上後天的勤奮、堅持，才有之後的著作等身。

元曉年輕時曾跟隨郎智大師（具體生歿年代不詳）學習。郎智是蔚州靈鷲山（位於今南韓慶尚南道、蔚山市蔚州郡）的一位隱居僧侶。據記載，法興王十四年（西元五二七年）在新羅正式接受佛教之後，郎智就入靈鷲山修行；直到一百三十五年後的文武王元年（西元六六一年），還有人說曾在山中遇見過他。

元曉前往靈鷲山西北的磻高寺參訪時，郎智大師住在東峰；機會難得，元曉自然常去拜訪大師。據說，元曉撰寫的〈初章觀文〉和〈安身事心論〉，是郎智大師對他修為與學識的考驗；文章完成後，元曉不好意思直接遞交，拜託隱士文善轉交大師過目。

文章篇末有一首偈頌：「西谷沙彌稽首禮，東岳上德高岩前；吹以細塵補鷲岳，飛以微滴投龍淵。」西谷沙彌指元曉自己，東岳上德則是對郎智大師的尊稱。「細塵」、「微滴」為自謙之語，意指自己才疏學淺、文章微不足道，以示對大師的尊敬。

這兩篇文章一直到高麗時代仍有流通，並被收錄在高麗義天國師編撰的《新編諸宗教藏總錄》（西元一〇九〇年）裡；甚至還流傳到日本，收錄在寶岩與隆編撰的《佛典疏鈔目錄》中。遺憾的是，沒能流傳至今。

「初章」這一用語因在三論（中論、百論、十二門論）學中出現，所以有學者認為郎智可能精通三論學。但考慮到〈初章觀文〉沒有傳世，無法一覽其確切內容，所以也只是個推測而已。

通過現有能夠找到的記錄可知，郎智大師的佛教思想以法華信仰為主，所以對元曉的講法應是以《法華經》為中心而展開。新羅靈鷲山自從郎智前來駐錫後，就成為新羅法華信仰的重要道場。雖不知源何得此山名，但在二千五百多年前，釋迦牟尼佛曾在王舍城靈鷲山中，為一萬二千多弟子講解《法華經》；

所以，這個山名應該是受佛教影響而得；又因常有高僧在此隱居並讀誦《法華經》，更印證了這一說法的真實性。

據傳，新羅下代元聖王時期（西元七八五至七九九年），高僧緣會也曾隱居至此讀誦《法華經》，門前水池內蓮花因而終年開放。由這些故事可知，蔚州靈鷲山乃是新羅時代法華信仰的中心。

據說，郎智因常宣講《法華經》的緣故，被認為是精通《法華》的聖僧，有許多神通；傳說其可騰雲駕霧，乘著雲彩來去中國的清涼山聽菩薩說法。

七世紀前半葉時期的新羅盛行讀誦《法華經》，並廣泛傳播法華信仰，時間大約是在真平王四十九年（西元六二七年）到真德女王三年（西元六四九年）之間。

傳說，曾經有一個沙彌，每日虔誠地讀誦《法華經》；某天，卻失手將第二卷掉入火中燒毀。他為此煩惱不已，日久成疾，沒多久竟過世了。幸而，他很快地轉世再來；巧的是，這一世，他父親的名字竟與上一世相同。

這一世的他雖未出家，卻依舊喜歡讀誦《法華經》；奇怪的是，其他卷可以倒背如流，唯獨第二卷總是難以背誦起來，他百思不得其解。直到某一天夜晚，有位老者在夢中對他講明，此因前生業障所成；若想改善，在佛前至誠懺悔、布施印經即可。從夢中醒來後，他依夢中老者的指點，一一完成，自此再無讀誦障礙。

元曉日後也撰寫了有關《法華經》的著述。從他的求學經歷來看，以及當時郎智大師在法華信仰上的權威，必會對年輕的他產生極多影響和啟發。

大寶山高僧普德

三國時代的新羅，各方面都落後於高句麗和百濟，佛教得到承認而得以傳布也比高句麗晚了一百五十五年。真興王十二年（西元五五一年），首位新羅國統惠亮，是來自高句麗的避難僧侶；善德女王十四年（西元六四五年）修建皇龍寺九層木塔時，曾得百濟匠人的指點。諸如此類的事例還有很多；吾人也因此可以理解，為何元曉曾跟隨高句麗僧人普德學習佛法的緣由。

普德，字知法，相傳是七世紀中期高句麗高僧之一，住在平壤城內的一座寺院中。在某次宣講《涅槃經》後，前往城西的大寶山閉關禪修。入定中得仙人指點，找尋一座七層浮屠；出定後的普德依照指點，果然找到了這座浮屠。於是，依照仙人囑托，在此處修建寺院，名為靈塔寺，並收徒、講法、度眾。門下優秀弟子輩出，日後有十一人都在其他地方創建寺院，弘法利生。可惜，沒有相關史料記錄，後世無從得知更為詳細的情況。

值得慶幸的是，新羅的崔致遠曾為普德寫過傳記；高麗時代的僧人義天，以及文人李奎報等，也都留有詩文紀念這位高僧。

七世紀前半期開始，高句麗受到了來自道教文化的衝擊和影響。高句麗營留王七年（西元六二四年），唐高祖向高句麗派遣了道士，並帶來天尊像和《道德經》；高句麗的國王及大臣等千餘人聆聽了道士說法後，認可了道教。這其實可視為高句麗向唐朝示好的政治舉動。不過，到了後期，傳播到高句麗的道教與佛教間卻產生了嚴重對立。

二十年後的寶藏王二年（西元六四三年），當時的權臣淵蓋蘇文信奉道教，積極游說高句麗王：「儒釋道三教就如寶鼎之三足，缺一不可；如今儒佛正盛，道教凋敝，何不從大唐請師求法？」

聽從他的建議，高句麗王向大唐遞交了請求書，唐太宗遂遣叔達等八名道士攜《道德經》而來。高句麗王親自出宮迎接，以示尊重。淵蓋蘇文之所以信奉並推崇道教，極可能是出於政治目的；他想藉由道教，來平衡和制衡佛教與儒教的發展。

當時在盤龍山連福寺的普德大師，曾數次上書，論陳寵道教之弊；不過，有權勢如日中天的權臣淵蓋蘇文從中作梗，這些建議並沒有被採納。於是，大師某日召集弟子並說道：「國家只尊崇道教，不崇尚佛法，長久如此，國將不再。」茫茫夜色中，大師決定南下千里，前往高臺山隱居，後人稱其為「飛來方丈」。

關於這段過程，依《三國史記》和《三國遺事》記載顯示，是在西元六五〇年發生的事情；李奎報的《南行月日記》中的記錄，則是在高句麗滅亡前一年，即西元六六七年。考慮到淵蓋蘇文的活動時期，以及道教的傳播是在西元六四〇年前後；因此，《三國史記》和《三國遺事》中的記錄可能更接近事實。

高麗僧人義天在《大覺國師文集》中收錄了兩首關於普德大師的詩文。其中之一為，在高臺山景福寺禮拜普德法師的畫像有感而發：

涅槃方等教，傳授自吾師；兩聖橫經日，高僧獨步時。
從緣任南北，左道絕迎隨；可惜飛房後，東明故國危。

其中，「兩聖橫經日」是指元曉和義湘（日後亦成高僧）跟隨普德大師學習《涅槃經》、《維摩經》。由此可推斷，元曉曾跟隨大師學習。在普德大師前往高臺山隱居的六五〇年，元曉第一次踏上了西行入唐求法之路，卻因受阻而未能如願。

那一年，元曉三十四歲，義湘二十六歲。他們本想沿著陸路，繞道經遼東前往大唐；不料，被高句麗邊防的守軍當成是新羅軍派來的探子，被拘禁、拷問十幾日後方重獲自由。

普德大師曾居住景福寺，此寺於壬辰倭亂（西元一五九二至一五九八年）之後存續至今；不過，因為近代戰火的侵襲，現存只剩寺院的遺址。由普德宣講《涅槃經》、《維摩經》來看，可推知其精通大乘經典；元曉跟隨這樣一位熟知大乘的高僧深入經典，受益匪淺。

如果元曉曾在普德門下學習，他對於當時宗教間的矛盾和對立應該有所瞭解，因普德大師為了高句麗的佛道之爭而選擇離開。致使高句麗滅亡的眾多因素中，宗教對立產生了頗大影響。

如何解決不同宗教間矛盾的問題，也曾讓元曉陷入沉思；深思熟慮後，他通過「和諍」給出了最終答案。

恆沙寺異僧惠空

元曉曾在浦項的雲梯山中修行；山的東邊有恆沙寺，年事已高、享有盛譽的高僧惠空在此駐錫。據說，元曉亦常向其請教佛學問題，老人家有問必答，頗為喜歡這個好學的年輕人。

有關惠空的資料，只有《三國遺事》中記載的傳奇故事，此外再無更詳細的生平。後世推測，他大約活躍在西元七世紀前期；因其母是新羅貴族天真公家的僕人，所以他出身低微。七歲時曾因為一場大病幾乎死去，多虧主人家出錢醫治，挽回性命。

俗話說，大難不死必有後福。大病癒後的惠空竟然變得聰慧無比、出口成章、過目不忘，並深諳主人心思。在一心向佛的主人影響下，惠空長大後出家弘法、學修並進、利益眾人，終成名聞遐邇的高僧。

高僧惠空不喜歡大叢林的約束，故常駐小寺院弘法。他還經常喝得酩酊大醉，在街頭手舞足蹈，口中念念有詞，每每引來眾人圍觀。因為他總是帶著簸箕，所以又被稱為「負簣和尚」。

某天，花郎九參公出城，途經山路，在路邊發現一具出家人的屍體；因天氣炎熱，屍首早已腐爛不堪、臭味難聞。他掩鼻而過之時，出於好奇看了一眼，發現死者竟是惠空，悲痛不已。幾日後，九參公返城，竟又看到惠空，在街頭唱歌跳舞，孩子們也跟著隨聲附和，引得眾人哈哈大笑。

在這些傳說中，惠空就是這麼一位不循規蹈矩、高深莫測的異僧。他為教化眾生，選擇以瘋癲形象示人，並似是以神通的方式示現生、死的不同面貌，藉此啟發有緣人。雖不知有多少人會因此有所覺悟，但這樣的說法方式對元曉影響甚大；日後還俗的他，也選擇了用瘋癲形象在街頭弘法。

大概是真德女王執政時期（西元六四七年至六五三年），年歲漸長、入山歸隱的惠空，遇到同住恆沙寺、三十出頭的元曉。

這位性情豁達的老僧，面對勤學好問的元曉時，對他提出的問題總是巨細靡遺地為其解惑；時而溫文爾雅，時而展現不拘細行的面貌，透過言傳及身教，指導這個認真學習佛法的年輕人。

某日，二人來到溪水邊，惠空讓元曉抓魚吃，元曉不肯；惠空便親自動手，抓來一條大魚烤著吃，全然不顧元曉的勸阻。

忽然，吃得滿嘴流油的惠空嚷著腹痛，遂褪去衣衫在溪水邊方便。過後，他提著褲子，喊來避在一旁的元曉，指著溪水道「汝屎吾魚」；話剛說完，一條大魚躍水而出。一直感到迷惑的元曉這才恍然大悟，捉魚吃不過是惠空的示現。

有關惠空的神異傳說，在百姓中一傳十，十傳百；這些傳說或許並非史實，卻也說明，惠空作為那個時代的高僧如何讓佛教得以流傳民間，以及其特異的教化風格。惠空對於元曉的具體影響有多大，無從考證；但他在街頭手舞足蹈、教化眾生的說法方式，在元曉腦海中留下了深深的烙印。

佛教在公元前後傳入中國，自官方記載的東漢永平十年（西元六十七年）起，至唐代剛好約六百年。在隨後將近三百年的時間裡，隨著唐朝政治、經濟、文化的全面發展，佛教也迎來了其發展史上最輝煌的時期之一。

佛教於隋唐之際，高僧輩出。佛法經過六百年之弘揚，由印度、西域高僧之傳授，各種佛經之翻譯，高僧大德之注疏論著，三藏十二部的基本內容已經完備，人們修習之環境亦日漸成熟。兩漢南北朝時期，或因經典理解不深、或不圓融，各地僧人對於佛理之契會各有主張，遂成不同之體系；到了隋唐時代，因理解漸精、融會貫通，因而各領一門，或禪、或淨、或律，演為宗派，競相開發。

唐朝政治、經濟、文化空前繁榮，再加上實行對外開放的交流政策，與外國的文化互動非常頻繁。各國仰慕大唐繁盛，不斷派遣留學生前來學習；最多時，曾有留學生近五千人。

當時的新羅佛教界，基於唐朝的開放和文明的發達，被吸引入唐求法的僧侶眾多；甚至在唐立朝以前，就有入隋求法的事例。

由朝鮮半島至唐留學的學僧的求法活動大致可以分為三個時期，即求法活動的興起、興盛、衰退時期。在求法活動的興起時期（西元三一七至五八九年），計有十六名學僧到中國遊學；而在求法的興盛時期（西元五九〇至九〇七年），則有一百八十五名學僧前往。可以細分為以下四個階段：

一、隋朝創建（西元五八九年）到滅亡（西元六一八年）的二十七年間，共有求法僧四人，包括新羅僧三人、高句麗僧一人。

二、唐高祖到武則天在位（西元六一八至七〇四年）的八十七年間，有四十三名留學僧，包括新羅僧四十人、高句麗僧二人、百濟僧一人。

三、中宗到順宗（西元七〇五至八〇五年）的百年間有四十一人，都是新羅僧。

四、憲宗到哀帝（西元八〇六至九〇七年）的百年間，有來自新羅的僧俗九十八人。

總之，到了七世紀上半葉，來自新羅的曇育、安弘、明朗、慈藏等僧侶結束了在唐朝的學習，紛紛返回新羅弘揚所學。基於這種氛圍，三十四歲的元曉和二十八歲的義湘自然也想前往大唐一探究竟，兩人心中熱情高漲，恨不得馬上飛去唐長安城。

關於元曉入唐的動機，《宋高僧傳》中寫道，是因為「慕奘三藏慈恩之門」。

在隋唐佛教發展過程中，玄奘三藏法師（西元六〇二至六六四年）的重要性是無人能替代的。玄奘，俗姓陳，名禕，洛州緱氏（今偃師緱氏鎮）人，俗稱唐僧，又被尊稱為三藏法師（非玄奘之專稱），是一位傑出的佛教學者、探險家和翻譯家。

隋煬帝大業末年，時值玄奘十三歲，便於洛陽淨土寺剃度為僧。十七歲起，開始遍遊四川、荊州、河北、長安等地，訪求國內高僧，遍讀佛教經典，被譽為「佛門千里駒」。他在遊歷過程中，深感佛學界對佛經教義的解釋眾說紛紜、莫衷一是，便下決心赴佛教的發源地印度（時稱天竺），求取真經，釐清眾疑。

唐太宗貞觀元年（西元六二七年，另一說為貞觀三年），玄奘從長安出發，西出玉門關，穿越了新疆大沙漠，翻越大雪山，經西域、中亞諸國，最後到達印度西北部。當時的印度分為東、西、南北、中五大部，小國林立。玄奘在印度求學十幾年，足跡遍及五印度，但主要是在印度最大、最有名的學府那爛陀寺（今印度比哈爾邦伽雅城西北）求學。那爛陀寺位於中印度的摩揭陀國，是佛陀釋迦牟尼成道的地方。玄奘就投在寺院住持、也是當時印度最著名的佛學家戒賢大師門下。玄奘在那裡主要學習佛教大乘學說，兼學婆羅門經典和印度梵語；他鑽研了幾乎所有的佛教經論，獲得了高超的學識，因此被譽為「大乘天」。

貞觀十九年（西元六四五年），玄奘謝絕了印度戒日王等皇室的挽留，於正月回到長安，帶回的主要佛教文物包括佛舍利一百五十粒、佛像七尊、經論六百五十七部。他受到了唐朝官員和百姓的熱烈歡迎，唐太宗李世民則在洛陽接見了玄奘；他謝絕了唐太宗要其還俗為官的要求，請求專心從事佛經翻譯事業。玄奘請求太宗允許他待在少林寺，以便專心翻譯佛經；然而，太宗沒有答應他，要他仍回長安，以便隨時向他請教。

玄奘回到長安後，先是住在弘福寺，後移居慈恩寺，集中精力從事佛經的翻譯工作。他不僅精通漢文，而且精通梵文，克服了佛經翻譯者往往只工其一的弊端；所以，他譯出的佛經既忠於原文，文字亦頗流暢，完全符合現代譯文信、達、雅之要求。

從西元六四五年到玄奘逝世的六六四年的十九年裡，玄奘及其弟子們在慈恩寺一共譯經七十五部、達一千三百三十五卷、一千三百多萬字。在譯經過程中，玄奘還受命於唐太宗，根據記錄和回憶，把這次遊歷所經過的印度各地之風土、人情、物產、信仰和歷史傳說等撰寫成《大唐西域記》十二卷，成為日後研究中古時期中亞、印度半島等國的歷史、地理和中西交通的寶貴資料。玄奘還遵照唐太宗的旨令，把老子《道德經》譯為梵文，傳到印度。

佛經漢譯，是規模龐大的系統工程。當時共有二十多位高僧共襄盛舉，包括證義大德十二人、綴文大德九人，還有字學大德、證梵語梵文大德，筆受及潤文等方面的高僧；由西京留守、梁國公房玄齡奏請唐太宗，徵召匯聚於長安弘福寺。

證義大德中有法海寺神昉，他是來自新羅的僧人，參與了多部佛經的翻譯，比如《本事經》、《十輪經》，以及家喻戶曉的《般若心經》。除此之外，還有其他幾位來自新羅的僧人也都參與了玄奘的譯經。

至於玄奘所攜回的最重要論典《瑜伽師地論》，完成百卷的翻譯工作是在西元六四八年五月，唐太宗下令於全國流通。遠在新羅的真德女王聽到這個消息，特別請求唐太宗恩賜；於是，這部大作在剛問世不久就傳到了新羅。

總之，七世紀的唐都長安，佛經翻譯吸引了眾多僧人的參與，對於新譯佛經的研究也隨之展開。這一時期佛教得以飛速發展，呈現一片繁榮之景。因玄奘法師的名聲遠揚四海，讓身在新羅的元曉想要跟隨學習。

此外，或許是受了玄奘大師、乃至於其後亦由海路前往印度取經之義淨法師的影響，有些新羅僧侶甚至亦前往天竺求法。最有名的，當屬留下《往五天竺國傳》這部傳記的慧超（西元七〇四年至七八三年）。（註一）

元曉和義湘，何時何地相識已不得而知，但兩人都想入唐求法。於是，真德女王四年（西元六五〇年）兩人相約入唐求法。

西元六二五年（新羅真平王四十七年），義湘出生於貴族家庭，十九歲那年（善德女王十二年，西元六四三年）在慶州的皇福寺剃度。出家後的義湘修行非常精進，短短幾年時間已經遍覽寺內經典。出於對佛法的渴求，萌生了前往大唐求法之心。

求道之路雖漫長枯燥，卻因同修的陪伴不再孤單；對於元曉而言，小他八歲義湘便是他修行道路上最好的夥伴。年齡差異並未成為兩人之間的代溝；追隨真理的彼此，將對方視為心靈上的摯友。

他們雖然都選擇了出家的道路，卻有著各自不同的緣由。其實，兩人不論是出身、性格乃至修學法門都不盡相同；儘管如此，也未能隔斷兩人的友誼，因為這是彼此真摯的法緣之約。

有關他們第一次入唐求法的經歷，曾被收錄在崔致遠編撰的《義湘本傳》中，這本傳記在高麗後期還有流通，但未能流傳至今。現有的記載，只有收錄在《三國遺事》之義湘傳記中的片段，原文如下：「法師義湘，考曰韓信金氏。年二十九依京師皇福寺落髮，未幾西圖觀化。遂與元曉道出遼東，邊戍邏之為諜者。囚閉者累旬，僅免而還。永徽初，會唐使舡有西還者，寓載入中國。」

在這段傳記中，沒有提到第一次入唐的詳細時間，但把第二次入唐的時間標記為唐高宗永徽元年（西元六五〇年），與同樣收錄在《三國遺事》「前後所將舍利條」中的內容有所出入。據浮石本碑記載，義湘為唐高祖武德八年出生，幼年出家。高宗永徽元年，與元曉同伴欲西行入唐求法，至高句麗有難而迴；後至龍朔元年再次入唐。

相較而言，這則記錄更為可信，由此斷定，元曉和義湘第一次入唐是在西元六五〇年，第二次是在西元六六一年。

遼東地區自古就是交通要塞，自隋朝起就與高句麗因領土紛爭而戰事不斷。元曉和義湘試圖入唐的西元六五〇年前後，局勢非常緊張；西元六四五年五月，遼東城被唐軍攻陷；卻在久攻安市城無果之後，於九月撤軍。

自新羅而來的元曉和義湘兩人偏巧在這個時候選擇了陸路途經高句麗入唐。當時因為戰亂，所以常會發生相互試圖窺探對方的情況，僧侶們參與此事的例子也有很多。鑑於當時唐朝與新羅為同盟，跟高句麗是敵對關係，兩人被高句麗的守備軍誤認為是羅唐聯合軍派來的間諜，而抓進了大牢。

兩人在獄中對首相望，百思不解。想自己少年得志，意氣風發，出家為法王子，受人敬仰，還是有些風光的；可是，現在呢？本來兩人滿懷信心地做好了各種準備，一路翻山越嶺餐風宿露、歷經艱辛，總算到達遼東一帶。在即將踏上大唐土地之時，卻因誤會而被囚禁，歷經鞭打拷問，苦不堪言。整日被關押在密不見光的黑牢中，腳上的沉重鐐銬，以及牢房裡令人窒息的惡臭，已經把兩人心中那分入唐求法的熱情澆滅了不少。不過，兩人並沒有停止思考佛法及禮佛。

被困於遠離故鄉的高句麗遼東城內，在被囚禁異鄉的這些日子裡，元曉徹夜難眠，惡劣環境下的他在想些什麼？是在想人們為何會爭執不休？國家間為何連年戰亂？是在想如何才能化解是非？怎樣才能結束戰爭？身陷囹圄、經歷過生死的他，此時的領悟是何等深刻。這次特殊遭遇所帶來的思考，決非埋頭苦讀所能比擬。

不幸中的萬幸，在被關押了十多天之後，兩人才好不容易逃脫死罪。雖然兩人最終雖被證明清白而獲釋，卻不准二人再前往大唐求法。夢想破滅的他們只得返程，入唐求法的熱情也被現實的無奈澆熄。初次入唐求法之旅以失敗告終，他們無奈！他們不甘！

本想西行追隨受人敬仰的高僧玄奘，感受唐都長安的繁榮和佛寺的魅力，兩個年輕人心懷美好的夢想踏上了遠行之路；然而，殺氣騰騰的現實給他們上了印象深刻的一堂課。這段經歷，對他們後來的人生道路留下深遠的影響和啟發。

道侶義湘

義湘（西元六二五至七〇二年），俗姓金（一說朴），雞林府人，於真平王四十七年，出生在新羅國的貴族家庭。義湘天資聰穎，二十歲時出家，聞大唐佛教隆盛，即立志前往大唐求法。數年後，他與元曉結伴入唐；到達遼東邊界時，卻被囚禁了數十天，然後遣送回新羅。武烈王末年，他與元曉再度入唐；行至途中，元曉卻放棄入唐。放棄的原因，將於下一章詳細敘述。

獨自一人的義湘則未捨初衷，獨以勇猛心排除萬難，終於在新羅文武王元年（西元六六一年）踏入長安城。次年，即唐高宗龍朔二年（西元六六二年），他前往終南山至相寺禮拜智儼為師。當時正是智儼開講《華嚴》（註二）、創立佛教新思潮的時期，義湘的到來受到了特別的禮遇。從那時起一直到唐高宗總章元年（西元六六八年）十月二十九日智儼六十七歲入寂時，義湘一直在其門下學習《華嚴》。

在智儼入寂三個月前的七月十五日，義湘呈上《華嚴一乘法界圖》並得到智儼的認可。在智儼圓寂後，義湘繼續留在大唐約三年之久，只是具體的行踪無從得知。

義湘入唐的大部分時間是在智儼的門下學習《華嚴》，但這不並是他學習的全部。義湘的求學所在至相寺地處終南山，比鄰唐都長安。當時的長安各種佛教宗派並存，各種思潮紛呈，可謂是佛教思想的大熔爐，宗派之間的交流、融合再自然不過。這些也可以從義湘在至相寺求學時的往來記錄，或者其著作《華嚴一乘法界圖》得知。

從地理位置上看，義湘所在的至相寺與信行創立的三階教（註三）塔院——百塔寺相隔不遠，處在以長安為中心的地區。當時大部分的佛教思想家都在這一地區活動；義湘跟隨智儼學習《華嚴》時，也可以很方便地接觸到其他各種佛教思想。

當時與義湘有著密切往來的是南山律宗祖師道宣律師（西元五九六至六六七年），為人熟知的是道宣律師請義湘受天供的傳說（註四）。道宣律師比義湘年長二十九歲，在義湘入唐時已經六十六歲了，他在七十二歲圓寂，此時義湘四十三歲。

總章元年（西元六六八）七月十五日，義湘呈上自己的學習筆記《華嚴一乘法界圖》，得到了智儼的認可。這部著作可以說是義湘學習華嚴教理並獲得其精髓的展現，且是義湘唯一留傳下來的完整著作，我們可以依此分析義湘的華嚴思想。

其圖以二百一十字組成一曲折回環的盤狀印章，並形成三十句七言詩偈：

華嚴一乘法界圖

一	微	塵	中	含	十	初	發	心	時	便	正	覺	生	死
一	量	無	是	即	方	成	益	寶	雨	議	思	不	意	涅
即	劫	遠	劫	念	一	別	生	佛	普	賢	大	人	如	槃
多	九	量	即	一	切	隔	滿	十	海	仁	能	境	出	相
切	世	無	一	念	塵	亂	虛	別	印	三	昧	中	繁	共
一	十	是	如	亦	中	雜	空	分	無	然	冥	事	理	和
即	世	相	互	即	仍	不	衆	生	隨	器	得	利	益	是
一	相	二	無	融	圓	性	法	回	際	本	遠	者	行	故
一	諸	智	所	知	非	餘	佛	息	盡	寶	莊	嚴	法	界
中	法	證	甚	性	眞	境	爲	妄	無	隨	家	歸	意	實
多	不	切	深	極	微	妙	名	想	尼	分	得	資	如	寶
切	動	一	絕	相	無	不	動	必	羅	陀	以	糧	捉	殿
一	本	來	寂	無	名	守	不	不	得	無	緣	善	巧	窮
中	一	成	緣	隋	性	自	來	舊	床	道	中	際	實	坐

（一）法性圓融無二相，諸法不動本來寂；無名無相絕一切，證智所知非餘境。
（二）真性甚深極微妙，不守自性隨緣成；一中一切多中一，一即一切多即一。
（三）一微塵中含十方，一切塵中亦如是；無量遠劫即一念，一念即是無量劫。
（四）九世十世互相即，仍不雜亂隔別成；初發心時便正覺，生死涅槃常共和。
（五）理事冥然無分別，十佛普賢大智境；能仁海印三昧中，盤出如意不思議。
（六）雨寶益生滿虛空，眾生隨器得利益；是故行者還本際，叵息妄想必不得。
（七）無緣善巧捉如意，歸家隨分得資糧；以陀羅尼無盡寶，莊嚴法界實寶殿。
窮坐實際中道床，舊來不動名為佛。

圍繞《華嚴一乘法界圖》的撰述，韓國學界有幾種不同的見解，整理如下：

第一，《一乘法界圖圓通記》引用的《元常錄》認為，七言三十句部分是智儼所作，圖印部分及解釋是義湘所作。

第二，《法界圖記叢髓錄》引用《法融記》之說，認為智儼作了七十三印；至於以一個印的樣貌呈現，是義湘揣摩恩師的用意而作了一個根本印。

第三，義湘先是撰述了《大乘章》十卷，後來「立義崇玄」，刪除了繁雜的部分，此乃對智儼《搜玄記》之義的推崇。智儼與義湘一同走進佛殿禮佛，然後把著作付諸一炬，只剩下二百一十個字，然後用這二百一十個字完成三十句的法性偈。這是崔致遠撰寫之《義湘傳》中的記載。

第四，義湘在撰述《法界圖》之後，聽從智儼的教導對其作了注釋，兩者合為一卷。

雖有以上各種不同的見解，但都一致認為義湘撰述了某一部分或者解釋部分。較有問題的是七言三十句；《元常錄》中記為智儼所撰，但均如根據崔致遠的《義湘傳》提出了反對意見；他同時還根據《法界圖》作者的「義理據教，略制槃詩」之說，明確指出這就是義湘的撰述。

圍繞《華嚴一乘法界圖》是否為義湘所撰雖有著諸般見解，但皆不認為此書與義湘無關；反之，即便是此書全都是由義湘撰述，也不能排除智儼對他的重要影響。總之，《華嚴一乘法界圖》是義湘入唐求法的集大成之作。

此外，義湘不只是單方面的接受中國佛教的影響，也對中國佛教的發展有一定的貢獻。中國的華嚴思想經由三祖法藏得到了極大的弘揚；而在法藏的華嚴思想體系中，義湘的華嚴思想對其有著重要影響。（註五）

華嚴二祖智儼的華嚴教學理論體系，被認為是對法界緣起說的原型進行體系化整理。智儼的思想主要是採取《十地經》為中心的地論宗、以及真諦系的舊唯識、同時對玄奘法師新唯識的一部分加以融合，從而形成了自身特有的華嚴思想體系。當然，中國佛教的特質在道生、僧肇等高僧的弘揚下，從「頓悟思想」與「速疾成佛」而轉換為「疾得成佛」的獨特成佛觀。正是在這一方面，體現了智儼的思想價值所在。

法藏在接受智儼思想的同時，還特別把法相唯識與華嚴的差別做了明確的區分；為此，他特別重視以《大乘起信論》為中心的「如來藏緣起」思想。法藏並將如來藏緣起設定為大乘之宗，從而強調華嚴圓教的絕對優越性，並完成了華嚴的教判體系。與此同時，他把以十玄、六義、六相為中心的法界緣起說的智儼思想原型，做了進一步的擴張和協調。

義湘的華嚴思想，位於從智儼的法界緣起說開始、到法藏的法界緣起說展開過程的中間位置，對智儼的華嚴學體系進行了系統的學習，並在繼承教判論和緣起論的基礎上完成了《華嚴一乘法界圖》的撰述，同時對同門學人法藏的華嚴思想之形成給予了一定的啟發。

義湘把智儼提出的「數十法」體系化地整理為「數十錢喻」的華嚴教義。所謂「數十錢喻」，是把華嚴核心教義之一的「相入相即」思想藉由錢的比喻，予以簡單說明。元曉和法藏都接納了這一思想，並最終逐漸成為被眾人接受的華嚴中心教義。

義湘在唐高宗咸亨元年（西元六七〇年）返回新羅；返回新羅後創建了華嚴寺、海印寺、梵魚寺等「華嚴十剎」，且致力於講述華嚴學，有弟子三千多名，被譽為「海東華嚴初祖」。

用編年體的方式來瞭解元曉的生平幾乎是不可能的；因為，有關他的傳記不僅希少，且散見於他人的傳記之中。我們只能從這許多的碎片中，拼湊出他過去的時光。

「上天讓你受苦之後，往往會回報更多。」這樣的例子在歷史上屢見不鮮。除了上天的考驗歷練，還要有自我的覺醒明智，如此才有可能苦盡甘來。正如《孟子．告子下》中所言：

天將降大任於斯人也，必先苦其心志，勞其筋骨，餓其體膚，空乏其身，行拂亂其所為也，所以動心忍性，增益其所不能。

話說，入唐求法夢想受挫的元曉，在和義湘在真德女王四年（西元六五〇年）回到了新羅後，至此以後的十年間，沒有一點兒關於他的記錄，彷彿從世間消失了一般。或許，從而立之年到不惑之年的沉積，對他而言是猶如黃金般重要的時期。

讓我們暫時把視線從元曉身上移開，放到一個更大的環境，來看看那時新羅的局勢和變化。

這一時期正值真德女王和武烈王的統治時期，新羅與百濟的戰爭正在如火如荼地進行。真德女王元年（西元六四七年）十月，百濟與新羅間發生戰爭，新羅將軍丕寧子和舉真父子戰死沙場，百濟一方也損失了三千多人。次年三月，百濟義直領兵入侵了新羅的西部邊陲，金庾信率兵抗之。

西元六四九年八月，百濟將軍殷相領兵連續攻下了石吐等七座城池，新羅立刻派遣金庾信出兵回擊；歷經十幾日的艱苦戰爭，終以新羅軍的勝利畫上句點。此次戰役消滅百濟軍九千餘人。

輸掉戰爭就將一無所有，贏得戰爭就獲得一切！

為了更長遠的考慮，新羅主動向大唐拋出了橄欖枝。

真德女王二年（西元六四八年），新羅使臣金春秋出使大唐，得到唐太宗的接見，為兩國的持續外交打下了成功的基礎。

在面臨強大的高句麗威脅下，新羅為了尋求自保而先發制人；大唐則是為了滿足其挫敗高句麗的野心而選擇聯手。

這是個各懷心機的組合。以此為契機，新羅開始使用唐的儀官制度以及年號。這是歷史進步發展的必然趨勢，無正確與否可言。

唯有強大，才可以自立！

新羅！必須統一！

西元六五四年三月，真德女王去世，眾臣請當朝的元老閼川攝政，他卻以年老為由推辭，舉薦金春秋。史料中記載，和歷史上的無數先例一樣，金春秋在三番五次地推辭之後，才勉為其難地答應，即位為武烈王。那一年，他五十二歲。

從真德女王到武烈王，是一個巨大的變革；因為，真德女王是王族聖骨的代表，而武烈王金春秋乃是貴族出身的真骨。

新羅自建國到真德女王都是聖骨王族的統治傳承；從新羅第二十九代武烈王開始，風水開始輪流轉。

金春秋的登基，得益於與他緊密相連的金庾信等勢力集團的幫助，也來自於他出使大唐的成功外交。值得注意的是，年輕時就懷著三國統一願望，以革命志士身分並肩戰鬥的金春秋和金庾信，成了新的統治階級代表。

隨著武烈王的登場，新羅社會刮起了新風。

只是，殘酷的戰爭還在繼續。

武烈王二年（西元六五五年）正月，高句麗與百濟、靺鞨聯手，派兵攻打新羅北方邊境，接連攻下三十三座城池。

接連不斷的戰爭，讓無數年輕人相繼倒下，一個個鮮活的生命像秋天的落葉般隨風飄散凋零。倖存下來的人們，心中充滿了悲傷；哪怕是出家人，也難以心如止水、不起波瀾。

武烈王二年，發生了百濟軍入侵新羅的事件，兩軍展開了激烈戰鬥。當時，在新羅首都慶州有座實際寺，裡面有一位叫道玉的僧人，聽到這個消息時憤而說道：「我嘗聽聞，出家者，上求佛道下化眾生是也。今國之將亡，吾雖不識佛道，願從軍殺敵，為眾生離苦！」

他脫下僧服，換上了軍服，拿起武器，走向戰場，最終為國捐軀、戰死沙場。道玉的行動也影響到了其他出家人，很多人也選擇了脫下僧服，參軍殺敵。本應遠離紅塵是非、一心修行的出家人都不得安寧，可知當時戰爭之殘酷、百姓之艱辛。

讓我們再來看看元曉此時在做什麼。

經歷了入唐求法受挫的他，已經沉寂許久。他一邊深入研習經典，一邊開始反思過往的經歷。

人生對於他而言，拉開了新的帷幕。

在〈誓幢和尚（即元曉）碑〉中云：「發僧那之願，研微析理。」僧那，梵語 sajnāha-sajnaddha，全稱為「僧那僧涅」。「僧那」舊譯為弘誓、大誓，「僧涅」譯為自誓，俱指菩薩之四弘誓。據《玄應音義．卷三》載，僧那僧涅應為「摩訶僧那僧涅陀」；舊譯「摩訶」為大，「僧那」為鎧，「僧涅」為著或莊嚴，故為「著大鎧之義」，即《大品（般若）》經中所謂「大誓莊嚴」。

若想在刀槍劍雨的戰場上生存下去，必須穿好盔甲；同樣，在這個五濁惡世中，為了無所畏懼地生活，也要給心靈強大的盔甲。

我們一般人無法想像，元曉在那個困難的年代裡如何能不動道心、專心治學；也許，這要歸功於他的真心；因著這顆真心，使他內在平和，得以安然度日。

正因為如此，元曉才能在距離京城西北不遠的一座小廟裡整日埋首經書，度過了一個個漫長而黑暗的夜晚。

大戰臨頭，元曉不是沒有過像道玉那樣上陣殺敵的想法；但是，經過冷靜的思考，他認為，比起眼前的戰爭，探索其背後的本質對他而言更有吸引力。

人生在世，如大海乘船，沉浮不定；一會兒被波浪推高，一邊又被無情地摔下；跌宕起伏，甚至墜入海底。

元曉生活的時代，比之前任何時候都要風高浪大；然而，他不僅沒有被那世界的浪花捲走，還用堅甲捍衛自己，選擇做一個驃悍的水手。因為，不經歷風雨，怎麼能見彩虹！

青丘的一條龍在靜悄悄等待、蟄伏；不久後，它將羽翼豐足，翱翔藍天。

【註釋】

註一：慧超，亦作惠超（西元七〇四至七八三年），朝鮮半島新羅僧人；因幼年入華，故亦為唐朝僧人。

西元七一九年，慧超十六歲，在廣州被密宗大師金剛智收為出家弟子。

七二三年，慧超前往印度諸國巡禮，七二七年返回長安。

慧超途經東印度、中印度、南印度、西印度、北印度，再經中亞返回長安後，寫下《往五天竺國傳》。該書記述途經各國情況，包括吠舍厘、拘尸那、摩揭陀、伽毗羅、吐蕃、建馱羅、犯引、吐火羅、波斯、大食、大拂臨、骨咄、突厥、胡密、疏勒、龜茲、焉耆等四十餘國，為研究西元八世紀間中亞、印度的重要資料。惜全書已佚，現僅殘存敦煌遺書中，另於慧琳所著《一切經音義》中有摘錄。

註二：《華嚴經》，全名《大方廣佛華嚴經》（梵語 mahā-vaipulya-buddhâvataṃsaka-sūtra），被大乘諸宗奉為「諸經之王」、「諸經中寶」，據稱是釋迦牟尼佛成道後，為文殊菩薩、普賢菩薩等菩薩宣說佛陀所證得之不可思議解脫境界。

《大方廣佛華嚴經》一經的要旨，便包含在經名中。「大」乃包含之義，「方」為軌範之義，「廣」，即周遍之義；因一心法界之體用廣大無邊，故稱為「大方廣」。「佛」即證入大方廣無盡法界者，「華」是成就萬德圓備之果體的因行譬喻，「嚴」即開演因位之萬行，以嚴飾佛果之深義，此為「佛華嚴」。

如來於本經宣以說菩薩以菩提心為因而修諸行，因此得以頓入佛地的因果，顯示心性含攝無量、緣起無盡、時空行願等相涉相入、無礙無盡的理境，及佛果地無際無礙、莊嚴無比的勝境。中國華嚴宗便是以本經為所依之根本經典，開顯「事事無礙法界」之圓融無礙境界。

明末四大高僧之一的蓮池大師說：「華嚴見無量門，諸大乘經猶華嚴無量門中之一門耳。」憨山大師則說：「不讀《華嚴》，不知佛家之富貴。」之所以稱其「富貴」，不僅因本經攝無量法門，亦因其彰顯了佛心、眾生心之無量、無盡、無礙。

唐代實叉難陀所譯之四萬五千頌的《八十華嚴》（八十卷），為今日最流通的版本。

註三：三階教為北齊法藏信行法師創立，又稱三階宗、第三階宗、三階佛法等。經過隋、唐前後約三百年間的發展，屢受官方的禁止和其他宗派的批評，至唐末更被認為是異端邪說，乃日趨衰微，終於湮滅。

三階教把佛教發展依時、人、處分為三類，每類又各分為三階：

所謂「時」的三階，即以佛滅後初五百年的正法時期為第一階，第二個五百年的像法時期為第二階，一千年後的末法時期為第三階。

所謂「人」的三階，是依人的根機而區別的。第一階是最利根的一乘，包括持戒正見與破戒不破見兩種根機；第二階是利根正見成就的三乘，包括戒見俱不破和破戒不破見兩種根機；第三階則為戒見俱破的世間顛倒眾生之根機。

所謂「處」（眾生所依世界）的三階，有淨土、穢土之分，淨土是第一階一乘所依的世界，穢土是第二階三乘及第三階世間眾生所依的世界。

三階教以苦行忍辱為宗旨，每天乞食一餐，以寺院供養為不合法。見人不論男女，一概禮拜。提倡布施，設置十六種「無盡藏行」的制度，濟貧撫孤，為後世佛教財政組織及慈善事業樹立典範；死後置屍體於森林，供鳥獸食，稱為以身布施。反對淨土宗所提倡的念佛三昧，主張不念阿彌陀佛，只念地藏菩薩。認為說佛像只是泥塑，不須尊敬；一切眾生是真佛，則須禮敬。

其教義與當時佛教界奉行的思想與修持頗有差別，因此不斷受到非議，終至斷絕。

註四：《三國遺事・卷三・塔像第四》，〈前後所藏舍利〉中的記載：相傳，昔義湘法師入唐到終南山至相寺智儼尊者處，鄰有宣律師常受天供，每齋時天廚送食。一日，律師請湘公齋；湘至坐定既久，天供過時不至，湘乃空鉢而歸，天使乃至。律師問：「今日何故遲？」天使曰：「滿洞有神兵遮擁，不能得入。」於是律師知湘公有神衛。

註五：華嚴宗與天台宗乃漢傳佛教之「雙璧」。此宗以《華嚴經》為所依，故稱曰華嚴宗。中國之華嚴宗以唐之帝心杜順和尚為始祖，雲華智嚴（儼）法師為二祖，賢首法藏法師為三祖，清涼澄觀法師為四祖，圭峰宗密禪師為五祖；至宋朝，又於杜順前加入印度的馬鳴及龍樹菩薩而共為七祖。因法藏受封「賢首國師」，故此宗又稱為「賢首宗」。其在判教上尊《華嚴經》為最高經典，並從《華嚴經》的思想，發展出法界緣起、十玄門、四法界（理、事、理事無礙、事事無礙）、六相（總別、同異、成壞）圓融的學說，開展「事事無礙」的理論。

此派從盛唐立宗，至武宗滅佛後，逐漸衰微。晉水淨源則被譽為華嚴宗於北宋的中興之祖。

第三章　開悟・入世

嘆曰：「心生則種種法生，心滅則髑髏不二。如來大師曰三界唯心，豈欺我哉！」遂不復求師，即日還海東，疏《華嚴經》，大弘圓頓之教。

唐高祖時，曾冊封百濟王扶餘璋為帶方郡王、百濟王。百濟仗恃高句麗支持，多次侵犯新羅，二者結為世仇，武裝衝突不斷。

因為百濟、新羅同為唐朝藩屬，所以唐太宗詔諭扶餘璋，勸其勿侵新羅；扶餘璋陽奉陰違，不肯奉詔。唐高宗永徽六年（西元六五五年），百濟王扶餘義慈與高句麗、靺鞨聯兵攻新羅，奪新羅三十餘城，新羅遣使入唐求援。顯慶四年，百濟又攻陷新羅的獨山、桐岑二城，新羅王金春秋向唐朝連連告急。

唐朝於遼東攻打高句麗效果不大後，調整了針對朝鮮半島的策略。於是決定先派兵渡海，與新羅聯手打擊百濟；渡海遠征軍在半島取得立足點後，再與遼東方面的唐軍南北夾擊高句麗。其時，大將劉仁軌建議「欲吞滅高句麗，必先誅百濟，留兵鎮守，制其心腹。」

因為百濟聯合高句麗，阻礙新羅和唐朝交通與進貢事宜；唐高宗屢次下詔威嚇百濟不果，在新羅的一再請求下，唐朝順水推舟，派左武衛大將軍蘇定方征戰。

一場大戰就此拉開序幕！

亂世動盪

顯慶五年（西元六六〇年）三月初十，唐高宗命左武衛大將軍蘇定方為神丘道行軍大總管，率左驍衛將軍劉伯英等水陸大軍十三萬渡海，進行登陸作戰；任命新羅王金春秋為嵎夷道行軍總管，率新羅兵五萬與蘇定方配合作戰。

蘇定方率兵從成山渡海，百濟則據守熊津江口拒敵。

八月，蘇定方率唐水陸大軍船隊從城山（今山東榮成）啟航，橫渡黃海，至熊津江口（今韓國錦江），百濟軍據熊津江口堅守。唐軍先鋒搶灘登陸，上山結陣，與百濟守軍展開激戰。後續唐軍船隊正逢漲潮，源源開到，一時揚帆蓋海，無比壯觀。百濟軍根本抵擋不住，迅即被擊潰，死傷數千。唐軍順利攻下熊津江口，取得了穩固的立足點。

從陸路助攻的新羅軍，進展卻不大順利；遭遇百濟名將階伯所率的五千士卒殊死抵抗，最後勉強慘勝。唐軍水陸大軍剛一站穩，就齊頭並進，沿江而上，直趨百濟都城泗沘城（今韓國忠清南道扶餘郡）。距城二十餘里，百濟傾國來戰，唐軍再次大破百濟軍，斬首萬餘，又窮追殘敵直抵泗沘城下。

新羅大將金庾信在黃山大勝百濟大將階伯，百濟義慈王及太子扶餘隆逃入北境，蘇定方進圍泗沘城。義慈次子扶餘泰自立為王，率眾固守。扶餘隆子扶餘文思說：「王與太子皆在，而叔遽擁兵自王，借使能卻唐兵，我父子必不全矣。」便率領左右逾城降唐，許多百姓也跟隨，扶餘泰無法制止。蘇定方命軍士登城立旗幟；扶餘泰窘迫，只好開門降唐。於是，扶餘義慈、扶餘隆及諸城主都投降了。

百濟原有五部，分統三十七郡、二百城、七十六萬戶，唐高宗以其地置熊津等五個都督府。但是，由於唐軍、新羅軍沒有安撫百姓，軍紀敗壞；在唐軍主力撤退後，道琛、鬼室福信、黑齒常之開展百濟復國運動，擁立在倭國的王子扶餘豐為王。

西元六六三年，白村江之戰後，唐朝和新羅聯軍擊敗了倭國與其支持的百濟復興勢力，百濟全境成為唐朝的羈縻（控制）地區。至此，百濟宣告滅亡。

此時，唐朝又試圖征伐高句麗；百濟亡後，下一個目標當然就是高句麗。剛繼位的新羅文武王也積極配合，並組織軍隊準備再次與唐軍聯手。

蘇定方率唐軍主力約十萬，分道北上進擊。唐朝在百濟故地設立了熊津都督府等五個都督（熊津、馬韓、東明、金漣、德安），五都督府下轄三十七州二百五十縣。唐朝委任右衛郎將王文度為熊津都督，統兵鎮撫全境；又命郎將劉仁願鎮守百濟都城泗沘城，委派當地的酋長分任都督、刺史。

總章元年（西元六六八年）二月，薛仁貴率三千人大破高句麗軍，攻占扶餘城（今遼寧四平），扶餘川中四十餘城都望風歸降。泉男建再次派兵五萬救扶餘城，在薛賀水（又稱薩賀水，即今遼寧丹東西南趙家溝河）與李績軍遭遇，唐軍又大破高句麗軍，乘勝攻占大行城（今遼寧丹東西南娘娘城）。

各路唐軍會師，推進至鴨綠柵。高句麗發兵迎戰，唐軍奮勇出擊，大破高句麗軍，追奔兩百餘里，攻占辰夷城；高句麗其他各城守軍或者逃跑、或者投降。唐軍進至平壤城下，包圍平壤一個多月；九月，高句麗王高藏派泉男產率首領九十八人，持白幡投降唐軍。泉男建仍然閉門固守，並多次派兵出戰，都被唐軍擊敗。高句麗將領僧人信誠祕密派人聯絡唐軍，自己作為內應；五天後，信誠打開城門，唐軍攻占平壤，生擒高藏、泉男建等人，平定了高句麗各地。就這樣，高句麗在唐的大舉征伐下最終滅亡。

高句麗被滅後，新羅反與唐朝交戰數次，被唐朝李瑾行、劉仁軌等多次擊敗；最終，新羅仍然長期稱臣於唐朝。大同江與平壤以南為新羅疆域，大同江與平壤以北為唐朝疆域。

有唐一代，遼東——即鴨綠江南北的高句麗故地，其主體部分仍然屬中原王朝，新羅的疆域仍然在大同江及平壤以南。

在朝鮮半島發生激烈的領土爭奪戰之際，元曉和義湘再次相約入唐求法。

一切唯心造

西元六六一年，太宗武烈王駕崩，太子法敏繼承王位，號文武王。這一年，四十四歲的元曉，與求道路上的同伴——義湘，踏上了二次入唐求法之路。回想起十年前的艱辛和經歷的苦難，這次兩人制定了周密的計畫，也做好了充分的準備。

這一年夏天，元曉和義湘從新羅首都慶州出發；這次，兩人選擇了水路而不是陸路。陸路雖然較為安全，但是要繞道高句麗，不但耗時還很費事。為了避免被高句麗軍隊阻攔，所以兩人選擇了耗時短、但是較危險的水路。

當時，新羅和唐朝之間的海上航線是從慶州出發，沿途經過永川、安東、水原、天安等地，最後到達南陽灣內的港口——黨項城。再從這裡乘船，北上沿著海岸線而行，到達登州（今山東省登州），上岸後再沿著驛站前往長安。這條路線中最危險的部分就是乘船渡海；即便是當時航海技術發達的新羅人，面對大自然的力量也是無可奈何，能夠平安抵達目的地的大概只有十之一二。

元曉和義湘選擇了一條天意之路。到了距離南陽灣不遠的一個地方時，發生了一件不起眼的「小事」；就是這件小事，讓元曉的人生道路發生了巨大的轉折。

當時天色已昏暗且雨勢未歇，道路泥濘難行，不利前行，兩人便借宿於路旁土龕。

據《宋高僧傳．義湘傳》中的記載如下：

釋義湘，俗姓朴，雞林府人也。生且英奇，長而出離。逍遙入道，性分天然。年臨弱冠，聞唐土教宗鼎盛，與元曉法師同志西游，行至本國海門唐州界；計求巨艦，將越滄波。倏於中塗遭其苦雨，遂依道旁土龕間隱身，所以避飄濕焉。迨乎明旦相視，乃古墳骸骨旁也。天猶霢霂地且泥塗，尺寸難前逗留不進；又寄埏甓之中，夜之未央俄有鬼物為怪。曉公歎曰：前之寓宿，謂土龕而且安；此夜留宵，托鬼鄉而多祟。則知心生故種種法生，心滅故龕墳不二。又三界唯心、萬法唯識，心外無法，胡用別求！我不入唐，卻携囊返國。湘乃隻影孤征，誓死無退。

《宋高僧傳》中記載，元曉是因為古墳骸骨而覺悟。但還有另一個流傳甚廣的版本，是說元曉喝下了頭蓋骨裡的積水而覺悟的傳說。宋代覺範慧洪（西元一〇七一至一一二八年）編撰的《林間錄》中便記錄了不同的版本：

唐僧元曉者，海東人。初航海而至，將訪道名山。獨行荒陂，夜宿塚間。渴甚，引手掬水於穴中，得泉甘涼。黎明視之，髑髏也。大惡之，盡欲嘔去，忽猛省！嘆曰：心生則種種法生，心滅則髑髏不二。如來大師曰三界唯心，豈欺我哉！遂不復求師，即日還海東。疏《華嚴經》，大弘圓頓之教。予讀其傳至此，追念晉樂廣酒杯蛇影之事。作偈曰：夜塚髑髏元是水，客杯弓影竟非蛇；箇中無地容生滅，笑把遺編篆縷斜。

《宋高僧傳》編撰於西元九九八年，《林間錄》則是在百餘年後的西元一一〇七年刊行；從時間順序上來說，前者的記錄應該更接近實際的情況。但考慮到《林間錄》的作者慧洪在編撰此書時閱讀了當時流傳的元曉傳記，所以這部分有待商榷。

永明延壽禪師（西元九〇四至九七五年）在其所撰之《宗鏡錄》中也有記載元曉的傳說：

如昔有東國元曉法師、義相（湘）法師二人同來唐國尋師。遇夜宿荒，止於塚內。其元曉法師，因渴思漿。遂於坐側見一泓水，掬飲甚美。及至來日觀見，元是死屍之汁。當時心惡吐之，豁然大悟。乃曰：我聞佛言，三界唯心，萬法唯識，故知美惡在我，實非水乎。遂卻返故園，廣弘至教。

《宗鏡錄》的刊印要比《宋高僧傳》早二十七年，所以其收錄的內容應該更可信。不過，《宗鏡錄》和《林間錄》的記錄都說元曉開悟是入唐後的事情，這也是有待商榷的地方。即便如此，也很難斷定哪個記錄是正確的、哪個是錯誤的。在這些記錄中，元曉的體悟過程更像是投射了後人的想像。

不論如何，上面三種記錄雖然存在差異，但基本故事情節相似，其共同點是元曉的開悟與墳墓有關。如果說《宋高僧傳》的記錄是平實的，《宗鏡錄》和《林間錄》的記錄則顯得有較多潤色，其敘述更引人入勝。也許，這就是後人更喜歡元曉因骷髏頭蓋骨的積水而開悟之典故的原因吧！

總之，翌日清晨，元曉起來後環顧四周，只見古墳骸骨四散。想想昨晚為了躲避暴雨而躲進一個窰洞，因口渴難忍而喝了清涼的「泉水」，一夜平安無事；一早醒來，卻突然發現兩人寄宿的地方竟是亂墳堆；更可怕的是，他昨晚喝的竟是頭蓋骨裡的積水！前一晚的真實，這一刻的虛幻，孰真孰假，在元曉的腦海中激烈地翻滾迴盪。

頭蓋骨裡的積水，不論是在昨晚的濃濃夜色中，還是在今晨明亮的朝陽中，都是一樣。何者為變，何者不變？如果說有什麼變化，那就是元曉自己的認識。他所碰到的對象，無論在晚上還是早晨都是一樣的；但是由於主觀意識的不同，導致了認知的不同。

昨晚還是安靜而舒適的避風港，今晨發現竟然是亂墳堆；昨晚喝的泉水，原本只覺得清爽，在明媚的晨光中反而令人噁心。於是，元曉明白了「一切唯心造」的道理；如此，許多曾百思不解的疑團也就逐漸明朗。就在那個早晨，陽光照射到積水的那一刻，元曉在屍骨林立的古墳中，從多年的癡夢中覺醒。

元曉領悟到「心生則種種法生，心滅則髑髏不二」的真正含義，即「一切唯心造」，他明白了「三界唯心，萬法唯識；心外無法，胡用別求。」因此，他決定不去遙遠的大唐學習佛法。

在目送義湘獨自走上旅途之後，元曉也原路獨自返回新羅，開始了他傳奇的弘法之路。

類似地，歷史上很多高僧開悟的過程似乎都很偶然；其實，這是長期精進修習的結果，是量變到質變的過程。就如元曉在他撰寫的《無量壽經宗要》中所云：「歸原大覺，積功乃得；隨流長夢，不可頓開。」

即便是元曉這樣的天才，也是在到達了不惑之年後才對人生有了更通達的理解；這不是一瞬間的飛躍，而是經過夜以繼日的精勤修習，身心得到充分磨礪之後而產生的結果。

大夢初醒

在這個陽光明媚的早晨，光明照亮了元曉的內心；他從夢中醒來，豁然開悟。青天白日之下，元曉自言自語道：

心生故種種法生，心滅故龕墳不二。

三界唯心，萬法唯識；心外無法，胡用別求。

應該說，元曉當下明悟妄心生滅不可得，息下妄心，徹見真性，這就是佛教常說的明心見性。明心見性是自我顯現，自我認識，自我體會，自我肯定，也就是「悟」的階段；悟後起「修」，才能「證」成佛性。所以，嚴格說來，未悟以前的修，雖是必要，但不免盲修瞎煉；譬如，要打掃千年暗室，苦於無從下手，必先開燈，明瞭室內之雜亂後，方可有的放矢，進行清理。修心也是這般，見性就如開燈；見性後才知如何磨練習氣，方能逐步徹證本覺佛性。

當然，在開燈之前，必先摸到開關，也就是必先選修對機的法門；經由依法修持而息妄顯真、頓悟自性，然後綿密保任，即境煉心，趨向正修。簡而言之，由修到悟，悟後再修，由修而證，所謂「理可頓悟，事須漸除」，實是修行成佛的一般規律。當然，佛教史上也不乏頓悟頓證者，但畢竟是少數；而且，所謂頓證，又哪裡知道不是由累世積漸而來的呢？

明心見性不代表了脫生死，卻也不能說未了生死便是不明自性。正如暗室的電燈雖已開亮，垃圾仍尚待清掃；不能認為開電燈等於掃清了垃圾，也不能認為垃圾未清，就說電燈沒有開。有些人雖已開悟見性，只因習染深厚，一時不能淨盡，遇個別境界當前，未能不動此心；然而，並不妨礙其已開正眼，自能不失覺照，知其虛妄，不取不捨，不至於粘滯執著，留連忘返。譬如有線風箏，雖在空中飄蕩，卻有一線牽住；只要假以歲月，勤加打掃，習染分分化、佛性分分顯，畢竟能了生死、成佛道。

另外，歷史上高僧大德已明心見性而生死未了的事例很多。例如，唐朝惠林寺的圓澤和尚，曾與居士李源相交甚篤。有一天，他們相約去朝禮峨嵋山，圓澤想取道斜谷，李源則欲取道荊州；最後，圓澤和尚同意從荊州前去。當船行到南浦，看見一婦人在汲水，和尚望而悲泣。李源驚問其故，和尚說：「我原想取道斜谷，欲避開這婦人，因為她已懷身孕，正待我為子。不逢則已，現既相遇，實難避免。」他約李在三日後相見，以一笑為信，並說：「十三年後，杭州天竺寺外，當再與公相見。」圓澤和尚當晚入寂。

過了三日，李源到婦人家探望，果生一兒，並對李源微微一笑，李便把來龍去脈向家裡人說明。

十三年後，李源自洛陽到杭州，以赴前約。在葛洪井畔，聽到一牧童扣牛角唱歌：「三生石上舊精魂，賞月吟風莫要論；慚愧情人遠相訪，此身雖異性常存。」李源上前招呼說：「澤公健否？」牧童說：「您真是誠信君子！但我世緣未盡，未能親近，彼此勤修不怠，以後自可再見。」

圓澤和尚已知過去未來，得了宿命通，在生死關頭仍然不能打破，這正說明僅開悟見性，而見思煩惑未盡，還是不免隨業流轉，實在值得吾人深思！

當然，從另一個角度來看，元曉乃至歷來的高僧大德可以說都是出色的演員，用其一生為我們呈現了一幕幕人生的旅途風景，給我們警示和引導。

讓我們再看看明心見性後的元曉。與義湘告別之後，他沿著來時的路線返回新羅。一路上，山還是山，水還是水，沿路的景色沒有什麼變化；然而，元曉的內心卻起了變化，他終於找到了正確的道路，他的一生從此開始轉變。

對於我們這些夢中人來說，很難體會元曉在那個清晨的感受。元曉在那個早晨到底領悟到了什麼？從留給我們的史料來看，那就是「一心」。他在《起信論疏》中說：

一心之外更無別法，一心是諸法之根本，是一切之憑依，一心中具一切法。

其實可以說，元曉所悟與六祖惠能對「風動、幡動」一公案的理解相契。這個公案如下：惠能到廣州法性寺時，值印宗法師講《涅槃經》，正好有幡被風吹動；有二僧辯論風幡之動，一個說風動，一個說幡動，爭論不已。惠能便插口說：不是風動，也不是幡動，是你們的心動！大家聽了很為詫異。

「不是風動，不是幡動，是仁者心動。」這個公案道出了萬物皆因緣所生、一切唯心造的大乘佛教根本義理。

風吹幡動，不離風、不離幡、不離心。若離風，則幡不曾動；若離幡，則不見風動；若離心，則不知何為動；若離風與幡，則心憑何而動；若離風與心，則誰說幡動；若離幡與心，則風吹何處？悟者謂一切從心起，心不起則一切不起，心不動則一切不動，故說心動，亦為悟語。見物相狀者，看物靜相、動相，幡不靜故說幡動，亦為通俗表相說。研究功用者，研究幡為何動，察知由風在吹，無風吹則不動，故說風在動，亦為原因追究說。

究言之，風和幡都是觀者之真心所願；此處的心不是「心念」之意，而是指吾人之「本性」。本性遍滿宇宙，所以宇宙內的一切都是本性之顯現。當時惠能所描述的，正是「一切唯心造」的大乘佛教根本義理。

須知，眾生之心，常起波瀾；無明妄風，恆常擾亂。元曉說這是「虛風」，是眾生沒有智慧而起的妄念。因無明掩蓋本心而致妄想，由此引發貪欲的虛妄之風、瞋恚的憤怒之風、愚癡的妄想之風；它們吹拂心靈的海洋，引得眾生隨波逐流，流浪生死；人間百態，由此俱生。眼耳鼻舌身意拚命的執著，人生因此艱辛，所作所為不過是苦中作樂而已。

佛陀嘗說六道輪迴；其實六道無需外尋，人間在八苦中沉浮，已然有六道之別。例如，日常生活中，很多人對地位、金錢、感情也存在一種病態渴求，這就是與餓鬼無異的心理特徵。

人具有理性思維，而動物只是憑著本能生存，這也是牠們和人類的根本區別所在；如果只是活著，對人生無更多的思考和提升，那就與動物的生存狀態相差無幾。因此孟子云：「人之所以異於禽獸者，幾希。」

世間有不少人，有些被劇烈的病苦糾纏，有些是被無盡的煩惱折磨，身心倍受煎熬，正是通常所說的人間地獄。還有一類人熱衷於各類爭鬥，正如阿修羅一般，瞋心極重。

從佛法觀點來看，世間正是人們內心迷妄的顯現；所以，六道也沒有離開我們的心，有什麼樣的心，就身處於什麼樣的世界。元曉說：「一切有情都做著無始春秋大夢，像喝醉的人一樣，昏昏沉沉，不知身心所在，都被外緣牽引，疲於奔命。」

願那些流離失所的遊子早日回到故鄉！

願那些在夢裡徘徊的人們儘快從夢中甦醒！

願那些陷入苦海中掙扎的人早日渡至彼岸！

「反流歸源」雖好；但是，一下子從迷幻的夢中醒來並不容易。如何才能重拾本心？元曉的回答很明確：

大海無津，汎舟楫而能渡；虛空無梯，翩羽翼而高翔。是知無道之道，斯無不道；無門之門，則無非門。無非門故，事事皆為入玄之門；無不道故，處處咸是歸源之路。

元曉的覺悟也是在求法途中，在墳墓中、在晨光中，而不是在經書裡；他的「朗然大悟，覺了自心」是體悟，不是解悟。他因為知曉了心外別無法，於是在一瞬間放棄了十多年來入唐求法之大願。

這個世界上的一切事物都與心有關，人們以自己為中心認識對象。比方說，雖然是墳墓，但在元曉看來，那不過是夜晚深山裡的一個落腳處。若欲歸源，就要捲入濁流，逆流而上，打破種種束縛。因為所有的妄想都是思辨所致；

發現了妄想的思辨，就要下手剔除，最後直至觀心之心也不復存在。

「無念」是要放棄以自我為中心的錯誤想法，虛心去面對，所謂「安心度日」；要消除的是那躁動的心、染汙的心，直到思考的對象和思考的主體都消失了，顯露的才是真正的本性。境識俱無，直達根本。

元曉所說的「心事不二」的境界，是主客合一的世界，是純粹經驗的世界，回到無分別的潔淨本心；當環繞四周的圍牆和荊棘倒塌時，他在永恆的空間中自由飛翔。

那一刻，沒有白天黑夜，沒有清涼汙穢，沒有山河大地，沒有是非對錯，沒有對立矛盾，亦沒有生死涅槃！

唯覺醒者才能冷眼觀世，是大丈夫才能知難而行。行到水窮處，坐看雲起時；此情此景，唯行者能知！

迷途知返的趕路人，回到故鄉的遊子，漫漫長夜後從大夢醒來的大丈夫，就是元曉！

開悟後的元曉決定放棄入唐求法，於是與義湘別過。這以後，獨自入唐求法的義湘歷經辛勞終於來到大唐長安，並拜入終南山至相寺智儼門下學習華嚴，與法藏同學。日後義湘學成歸來，講法收徒，弘揚華嚴，被後人尊為海東華嚴初祖。

至於返回新羅的元曉，則開啟了一條與義湘完全不同的弘法利生之路——他還俗了！

開悟後的元曉，言行不羈，浪跡塵俗。有時隨興入於酒肆，有時於祠中撫琴；或講經論道，或參禪念佛；偶爾留宿閭閻，或隨性寄於山水。任運隨機，優游自在。

元曉在入唐途中開悟的消息逐漸傳開，有人忌妒，有人羨慕。聽到這個消息的新羅國王則把他召進宮，並欲將瑤石公主許配給他，要他結婚生子，元曉予以婉拒。瑤石公主因愛慕元曉，一開始見他沒有答應這樁婚事，竟欲捨命。元曉心生慈悲，不忍公主此舉；再者，他心中其實早已知道，得隨順這段因緣，於是還俗與瑤石成親。

之後，公主生了一子，名叫薛聰，天資穎悟，敏睿異常，博通經史，是新羅十大賢人之一。他能以地方語音通曉華夷各地民風，並能訓解六經文學。海東明經者，至今傳受不絕，薛聰實功不可沒。

元曉在四十多歲時遇到了瑤石公主，這也是他人生中的一個重大事件，一個重要的節點。對於世俗的普通人來說，婚姻在人生的旅途中具有重大意義；出家人的情愛，甚至為之還俗，無疑更令人驚訝。

未知色，焉知空；也許，展現大乘精神的方式之一，恰是要充分入世，飽嘗人間喜怒哀樂、六欲八苦之後，仍能不即不離，才算實相涅槃吧？

《三國遺事》中記錄了元曉與瑤石公主的相遇：

師嘗一日風顛唱街云：「誰許沒柯斧，我斫支天柱。」人皆未喻。時太宗聞之曰，此師殆欲得貴婦產賢子之謂爾。國有大賢，利莫大焉。時瑤石宮有寡公主，勅宮吏覓曉引入。宮吏奉勅將求之，已自南山來過蚊川橋遇之，佯墮水中濕衣裳。吏引師於宮，褫衣晒晾。因留宿焉，公主果有娠。生薛聰，聰生而睿敏。博通經史，新羅十賢中一也。以方音通會華夷方俗物名，訓解六經文學。至今海東業明經者，傳受不絕。

從上文中推測，元曉遇到瑤石公主，大概是太宗武烈王在位（西元六四五至六六〇年）年間發生的事情。這一時期，相當於元曉三十七到四十三歲之間。如果元曉的還俗是在開悟後發生的，或許因為婚姻之故，元曉才脫下僧服，改為以居士的身分弘揚佛法，這種推測也有可能。

如果元曉開悟是在西元六六一年；據史料記載，義湘在那一年終於得以入唐；考慮到入唐路途遙遠，元曉與義湘的啟程時間一定要早於這個時間；也就是說，元曉開悟的時間要早於義湘到達唐都長安的時間。如此推算，元曉開悟可能是在武烈王執政後期。

要想弄清元曉一生中的大事件——開悟和姻緣的先後關係並不容易。如果無視歷史記錄，只從兩人的因緣來解讀，也不太合理。所以，根據《三國遺事》的記錄來看，元曉在街上手舞足蹈、遇見瑤石公主，也是在武烈王末年。如此來看，元曉的開悟與還俗幾乎是發生在同一時期。

讓我們來看看瑤石公主的家族關係。武烈王金春秋與金庾信的小妹文姬——即文明夫人聯姻，並育有七子；此外，武烈王還與失名夫人生有三兒三女，瑤石公主應是長女或者次女。

暫且不論元曉與瑤石公主結婚之說的可信度；單從這個傳說本身，可以推論出一些有意思的內容。首先，已經開悟的元曉雖然外表平凡，但內在乃是強大無比、頂天立地的大丈夫。他思考最多的是，如何更好地弘揚佛法。相較於由下而上的方式，似乎由上而下的方式更為有效，也更具影響力。再者，作為新羅十賢之一的薛聰，美化了他的出身，雖是後人的主觀意願，但也可以理解。元曉被國王招致宮中，一番長談後，兩人相見恨晚。國王識其才能，於是將女兒許配給他，希望留下優秀的後代以保江山永固；而元曉為尋求更有效弘揚佛法的方式，也就隨順因緣，成就了一段佳話。

元曉的婚姻還代表另外一個重要的訊息，那就是新羅社會嚴格之骨品制度的瓦解。前文提到，骨品制度即身分等級，有著諸多限制，非同級不能通婚，元曉與瑤石公主的結合卻打破了這個限制；從某種意義上來說，其實是挑戰了這種社會秩序。作為一名卓越的政治外交家，金春秋和大將軍金庾信二人從年輕時就心懷統一三國的夢想；他們強強聯手，一邊尋求外部的協助，一邊挑戰內在的舊秩序；而元曉的出現，正是一個辭舊迎新的極佳機會。

以上是從世俗的角度，來解讀元曉和瑤石公主的相遇。

從佛法的角度來看，出家人還俗不太容易被世人所接受。然而，萬法不離因果，一切都是有原因的；尤其是作為一個開悟的大修行人，元曉的行為不能只單純地從表象去思考那麼簡單。

佛教的戒律，分為比丘戒、比丘尼戒、式叉摩尼戒、沙彌戒、八戒、五戒、菩薩戒；除了菩薩戒，任何一種戒均可捨；在生時不捨，臨終捨壽時也要捨。菩薩戒則一受永受，若不破重戒而失戒，盡未來際時，直到成佛；若已成佛，更無捨戒之理。

對於元曉的經歷，我們要深入考慮的是，後人把他的還俗視為破戒；但是，元曉是否認為自己的行為是破戒？我們是否可以把他的行為理解為捨戒？因為，捨戒的人如果能夠深知佛法、懂得戒律的尊嚴，即使脫下僧服，換穿俗裝，改用俗名，亦是光明磊落的事。這只是告訴我們，每個人的人生旅程不同而已；即使已經還俗，仍是佛教徒。還俗後的元曉以居士的身分更加積極地教化眾生，編撰與注釋佛典，無疑是最好的證明。

元曉與瑤石公主的相遇，既非偶然，也不突然；只是隨順自然，經歷不同的人生考驗和歷練。隱居的元曉選擇走出山林，來到街頭，走在人群中，用他的熱情去感化眾生。

自號「小性居士」的元曉，於舞伶技者處，取大瓢瓜作道具，唱著《華嚴經》中「一切無礙人，一道出生死」的〈無礙歌〉，吟咏諷誦。就這麼又歌又舞，走遍千家萬戶、大小村落，使得「桑樞瓮牖玃猴之輩，皆識佛陀之號，咸作南無之稱」。元曉躬親教化下層庶民，影響深廣，可見一斑。

元曉沒有過分地執著擁有妻兒的世俗生活，也沒有離開他們、以修行為藉口而回避世俗的義務。他雖然還俗，但不染於世俗；正如大菩薩入世度眾，不壞世間法，而是隨順因緣，無為自恣。出家和還俗，兩種截然不同的面貌，這是元曉的現身說法。

面對世人的爭議，也許心中偶有無奈；然而，這是對元曉大師的考驗，也是對我們的警示。

不離世間覺

佛教裡常提到出世與入世。出世——遁入空門、清心寡欲、萬事萬物皆空；入世——步入塵世、宣揚佛法、弘揚佛教文化。

小乘佛法講求出世，出世追求的是脫離凡世間的困擾和誘惑，尋找寂靜清幽之所，靜心修行而達到超越煩惱的境界。出世要求修行者去除一切雜念，捨棄身外之物，物我兩忘，身外無我，我亦非我，無我無常；出世的終極目標在於度己，即追求自身的解脫。

與小乘佛法相反，大乘佛法講求入世；藉由入世修行，教化大眾以求正果。

小乘佛法和大乘佛法為什麼會有這麼大的不同呢，主要是由於二者在「人性是善是惡」這個問題上的分歧所導致的。

小乘佛法認為，人性本惡，只有很少的人能夠開悟；透過離開罪惡的塵世以及精進修行，才可以祛除惡根、成就善果。這是一種較為悲觀的態度。

大乘佛法認為，人性本善，只是世間充滿苦難，迷失了眾生的本性，可以藉由度化，勸人行善，讓眾生擺脫苦難，苦海無邊，回頭是岸，乃至於證得涅槃正果。所謂一切眾生皆具佛性，皆可成佛，代表了一種樂觀積極的態度。可以說，出世在度己，入世在度人。

佛家的出世，就是擺脫輪迴；入世與之相反，是在世俗中打滾，沉迷名利，甚至不惜出賣靈魂，為煩瑣小事憂愁，在滾滾紅塵中庸碌地生活。另有一些人則似乎對出世和入世都表示不屑，認為出世就是逃避，入世就是妥協。

出世不是逃避，而是一種精神上的超脫；入世也不是妥協，而是在塵世中歷練，用出世的心去面對世間事，正所謂「大隱隱於市，小隱隱於野」。

陶淵明有詩〈歸園田居〉：

開荒南野際，守拙歸園田。方宅十餘畝，草屋八九間。榆柳蔭後檐，桃李羅堂前。曖曖遠人村，依依墟裡烟。狗吠深巷中，雞鳴桑樹顛。戶庭無塵雜，虛室有餘閑。久在樊籠裡，復得返自然。

這種生活態度，不失為一種灑脫，也就是以出世之心做入世之事！不過，平凡不等於平庸，崇尚平凡是一種人生態度；人生可以平凡，但不能平庸。

七世紀中期，久經戰火的朝鮮半島變成一片荒蕪的田野。元曉親眼目睹了戰爭的殘酷，看到田地荒蕪、無人耕種，老弱婦孺無家可歸，戰士的白骨散落在田野裡；不但世間荒涼，人心也荒涼。誰能在這荒野播下幸福的種子？誰能治療他們疲憊的身心？

佛說器世間是「諸行無常」，有情世間是「諸法無我」，正覺世間是「涅槃寂靜」；意即：有情與器世間中的一切動物、植物、礦物的共同性質，皆是無常。世間無常，故有成住壞空；物質無常，故有生住異滅；人命無常，故有生老病死；好景無常，故樂極生悲；聚散無常，故生離死別；人情無常，故冷暖炎涼，今日是友，明天或許為敵；世態無常，故滄海桑田、桑田滄海！

總之，世間一切現象悉皆無常；以無常故無我，因無我故不能久住、久享。古人說：「浮生若夢，為歡幾何？」又說：「百年如流矢，生命若曇花。」這些都是形容生命的短暫。可惜，世人被私我所惑、被物欲所蔽，無法理解佛所說的諸行無常、諸法無我的真諦。每執假我為真我，只知有我，不知有人，遂形成人與人之間的惡劣關係，導致物與物間互相衝擊；天災人禍由是而生，人間苦惱也就層出無窮。

元曉再次回到了生老病死的現場，做好了入世的準備，準備在紅塵中展開一番歷練。

開悟是對生命和宇宙實相的發現和覺知，亦名明心見性。修行者一旦開悟，就等於即身證得菩薩的初果，在知見上與佛比肩；所以，開悟也就是「即心成佛」。

開悟固然很重要，更重要的則是透過更加積極、進取的方式生活在世間，在人生中磨礪、實踐，直至功夫純熟，方得正果。元曉雖然脫下僧裝，穿著居士服，但他已經不是昔日的他了。佛說八萬四千法，對治八萬四千病；弘揚佛法也不是出家人的專利，在家居士也可利益眾生。元曉很清楚這個道理，所以他的決斷也就沒有太多猶豫。

佛法真理，本不可說；出世入世，亦是假名；姑方便說，都歸一心。究竟何心是出世，何心是入世？當知真心為出世，妄心為入世；出世是佛法，入世是世法；出世是空，入世是有；出世是法身，入世是報身；出世是真，入世是妄；然真妄不二，離開入世，亦無出世。故六祖云不離世間覺。

已過不惑之年的元曉與瑤石公主圓滿了一段世緣。在這段過程中，他華麗轉身，重新以居士身分面對世人，自號「小性居士」。他領略到高山的風光之後，又來到了低谷。為了與一般百姓更加貼近，他經常自嘲自諷，乃至於在街上瘋瘋癲癲地手舞足蹈。這條弘法之路，並不容易。

當然，元曉一生異行，亦曾受到非議。

據傳，新羅王曾設百座《仁王經》大會，遍請有德僧人，元曉亦在推舉之列，卻因其他大德嫌惡而遭排斥。不久，王妃罹患癰腫，群醫束手，國王聽從巫師的話，遣使到國外求醫。渡海到唐途中，使者遇見一位老翁，邀請他進入龍宮。龍王告訴使者：「王妃是青帝的第三女兒，今龍宮有《金剛三昧經》。若將龍宮所藏的經本帶回新羅，交由大安聖者詮釋，並請元曉大師造疏宣說，王后即可不藥而愈。」原來，龍王欲借王妃之病為緣，使此經在新羅國流布。

使者返回新羅後，如實稟報新羅王，國王聽後大喜，立即派人召請大安法師入宮，並命元曉大師造疏，於黃龍寺開講。開講之時，王醫道俗一時雲集，稱揚之聲四起。元曉唱言：「昔日采百椽時，雖不預會；今朝橫一棟處，唯我獨能。」在座的高僧大德聞言自愧，都為自己過去非議元曉的言行深深自責。

慈藏與憬興都是那個時代的高僧，但他們的所作所為顯得有些高高在上，乃至於《三國遺事》中甚至出現了譏諷他們傲慢的傳說。也許是因為元曉更瞭解一般百姓的想法，加之他在佛法上的造詣，所以被大家尊稱為菩薩；靈通寺內的大覺國師碑文中，更是把元曉尊為具有「聖種性」之大覺悟者。

達摩祖師說：「法有二入，理入及行入。」「理入」即是窮理，非大智慧者很難契入；「行入」也很難，如果不能謙虛為懷，而以世間的學識、地位、聰明、才幹等自負，則難以保任得宜、守本真心地行菩薩道。

回到世俗的街頭，雖然外表落魄，但元曉懷抱著過去數十年修行中所收穫的寶珠。世人不知，在落魄外表下的他，有著與眾不同的從容，他實是一位理入和行入都自在的草根菩薩。

入世的精神，指大乘菩薩、或回小向大的二乘聖人，因觀眾生苦，發菩提心，願成佛道，願度眾生的壯志偉行。因為，佛道非但自利，還要利他；不僅修慧，還要修福；直至福慧圓滿，二利究竟，始可成佛。所以，菩薩發心，既要上求佛道，增長智慧以自利；還要下化眾生，深入人間以利他。入世菩薩恆抱「但願眾生得離苦，不為一己求安樂」的無畏精神，從事利益社會、引導眾生的志業，拯救世人的苦惱與不幸；本著無窮的弘願，向佛道精進，不斷為度眾生、成佛道而犧牲自我、捨己為人。

簡言之，入世精神，無異是任重道遠的菩薩行；非發大心、立大願而又有大智慧、大慈悲的人，無法擔當此重任。

菩薩行願的開始，就是「眾生無邊誓願度」！為了完成利眾度生的責任，就要積極淨化身心，努力克制自己煩惱的衝動，精勤修學諸佛無量道法，所謂

「煩惱無盡誓願斷，法門無量誓願學」。在無量法門中，最具代表性的該是六波羅蜜（多），梵語 pāramitā，譯名「度」，又名「到彼岸」。因為，六度功德能度慳等六蔽，故名度；又，菩薩修行六度法門，能度生死海，到達涅槃彼岸。據《大方廣菩薩十地經》云，波羅蜜的意義，是菩薩修學圓滿究竟，具足佛道一切功德，不著二邊，不住中道，廣度眾生，圓滿佛事，因名到彼岸。

菩薩是渡海的筏子，是黑暗的街燈，是平穩的大車；許多人藉由這個筏子、這盞明燈、這輛大車，而越過生死苦海，到達彼岸。

要把大眾送往彼岸，首先得確定這輛大車是否結實。布施、愛語、利行、同事等「四攝法」是四個輪子；不殺生、不偷盜、不邪淫、不妄語、不兩舌、不惡口、不綺語、不貪欲、不瞋恚、不邪見等「十戒」則是車子的圍欄和底盤；最後，要用慈、悲、喜、捨「四無量心」來驅動，用正見、正思惟、正語、正業、正命、正精進、正念、正定等「八正道」來校對方向。

除了車子要牢固，趕車的人還必須要有智慧，如此才能保證乘客安全抵達目的地。元曉是受人尊敬的草根菩薩，是趕著一輛大車的善知識，這是他以前就許下的誓願。頂天立地的他，是扛起新羅佛教的擎天柱；為拯救百姓的危難而不遺餘力，猶如黑夜中的一盞明燈。

我們可以看到，元曉的修行正如惠能《壇經》中開篇所言：「菩提自性，本來清靜；但用此心，直了成佛。」佛性是我們本來具足；若我們敢於直下承當，便悟如來大光明藏。元曉即是當下把握，每每皆於當下處便可放下一切！亦即應《壇經．決疑品》中頌曰：

迷人修福不修道，只言修福便是道；布施供養福無邊，心中三惡元來造。
擬將修福欲滅罪，後世得福罪還在；但向心中除罪緣，名自性中真懺悔。

元曉則嘗唱〈無礙歌〉云：

一切無礙人，一道出生死！

生死輪迴，終將會超越；一展胸中抱負，不負平生所學，足矣！

這就是小性居士！

第四章　小性居士的教化

初發無上菩提心，出俗入道破諸相。雖知一心無二相，而湣群生沒苦海。起六八大超誓願，具修淨業離諸穢。法界身相難思議，寂然無為無不為。

元曉生活的時代，其社會秩序是以身分等級為區分標準的。古代新羅社會，是一個嚴格按照「骨品制」（即身分制度）來定義個人社會地位、規定生活權限的一個社會體系。

對階級制度的挑戰

所謂骨品制，與中國古代魏晉時代的「九品中正制」（註一）有相似之處，就是將人分為許多個等級，然後按照高低不同的等級，擔任不同的公職。不一樣的是，「九品中正」的判準並非依天生的「血統」。

四世紀時，新羅用武力統一了辰韓各部，以慶州為都城。新羅統治集團為了鞏固其特權地位，制定了等級制度，這就是「骨品制」。新羅貴族按「血統」確定等級身分及相應官階，不同骨品不通婚，骨品世襲不變。這一制度按個人骨品即世襲血統決定其身分地位，根據不同等級分別制定出擔任官職的最高限度；只有達到一定骨品等級的，才可以授予相應的官職。

新羅的統治集團是由三姓王族和六部貴族組成；為鞏固其特權地位，大姓貴族們以森嚴的「骨品制」來區分血統與身分的階級地位。

朴、金、昔（石）三姓是新羅統治集團中的最大王族，地位最高，稱為「聖骨」；不但可世襲王位，還獨占整個官僚體系，擁有無上權力。其下的大小貴族，依次分為真骨、六頭品、五頭品、四頭品等四個等級。

最初，唯有「聖骨」才能繼承王位；聖骨男與聖骨女所生孩子的血統為第一骨品級別，即王族。

然而，六部貴族間勢力難免有所消長；為了擴張或確保既有勢力，同等階級內的貴族會相互聯姻攀親，以通婚的手段達到政治聯盟的目的。不過，各骨品都自我封閉、互不通婚，骨品和非骨品更不通婚。

由於新羅是骨品社會，如果不是出身骨品，仕途上的發展就很困難。七世紀初，曾有新羅衣冠子弟薛罽頭以出身非骨品，決心赴唐留學以改變現狀；這是極少的特例，大部分的情況都是無法逾越身分限制。

新羅起初實行「貴族民主制」，由朴、金、昔三姓王族輪流繼承王位，其他貴族則按不同的骨品，擔任高低不同的官職；裁定國家大事，則須經國王和高級骨品之貴族舉行的會議決定。

關於王位的承襲，原本只能從最顯貴的聖骨血統家族中可選拔；自從真骨出身的金春秋登上王位後，才改變了聖骨品獨攬王位繼承特權的局面。同時，原來只賜予京師六部內之門閥貴族的「京位」也可賜予地方家族；九世紀的張保皐出任京城相職便是一例。此時的京位和外位（地方官），已無嚴格的本質區別。

此外，類似於印度的種姓制度，新羅的骨品社會等級還有三頭品、二頭品、一頭品、平民、奴隸等非骨品的低級階層。雖然三頭品到一頭品都是沒有官職的普通百姓；然而，生活在首都的普通百姓相較於其他地方百姓，還是有著身分上的優越感，因為骨品制只適用於首都居民。

對當時的人來說，仕途受到個人在骨品制中所具有的等級身分之制約；同時，隨其出身血統的高低，會有不同的特權以及其他規定，涉及到生活上的衣食住行諸方面，諸如居住房屋的大小、服飾的顏色、牛馬車的裝飾等。

例如，隨其身分等級的不同，其居住的房間大小也有相應的規定：真骨不能超過二十四尺（三尺約一公尺）平方，六頭品不超過二十一尺，五頭品不超過十八尺，從四頭品到一般百姓不得超過十五尺。

再來看看仕途上的規定。新羅的官場總共有十七級官等，真骨階級可以做到最高的一等，六頭品最高只能到六等阿湌，五頭品最高到十等之大奈麻，四頭品到十二等之大舍，至於一般百姓則是沒有任何當官的機會，平民之下則是最卑賤的奴婢。

等級	官階名稱	骨品	官服顏色
1	伊伐湌（角幹）	真骨	紫衣
2	伊湌		
3	迊湌		
4	波珍湌		
5	大阿湌		
6	阿湌	六頭品	緋衣
7	一吉湌		
8	沙湌		
9	級湌		
10	大奈麻	五頭品	青衣
11	奈麻		
12	大舍	四頭品	黃衣
13	舍知		
14	吉士		
15	大烏		
16	小烏		
17	造位		

「眾生平等」是佛教最偉大、最重要的理論之一，也是佛教最基本的價值判斷；釋迦牟尼佛在創立佛教之初，就確定了這個原則。佛經中講到「眾生平等」的地方很多，如《出曜經》、《法華經》、《華嚴經》中都有表述。

在印度的歷史上，佛教大概是最早提出眾生平等觀念的宗教。印度很早就存在種姓制度，而釋迦牟尼在創立佛教之初，就反對種姓制度；佛教反對種姓制度的觀念基礎，就是眾生平等；大乘佛教出現以後，更加協調這一理念。兩千多年來，眾生平等理論的意義愈發彰顯，今日已經成為一種普世價值；接受眾生平等觀念的，已經不僅僅是佛教或者佛教徒。

佛教教團的所有成員都在眾生平等的原則下共同生息，佛陀曾對弟子說：「這個世界上有很多江川湖泊，當這些河流匯集入海之後，之前的名字就消失了，統一叫做大海。正如追隨我出家的人，在未出家前身分各有不同，有婆羅門、剎帝利、吠舍以及最貧賤的首陀羅；但是，跟隨我出家後，之前的等級就消失了，大家平等地坐在一起聆聽教導。」

在印度等級森嚴的種姓制度下，佛陀闡明了眾生平等的理念，這一教誨具有重要的歷史意義。佛說眾生平等，是佛證悟宇宙人生的真相後，站在眾生一體、無二無別的一真法界，從生命的本質這個角度上講的；它指的是，法界一切眾生，無論是在結構上還是在功用上，都無二無別。

不過，從事相上看，法界眾生無論是在結構上還是在功用上，並非表現為絕對一致的完全相同。那麼，眾生之間的差別又是由什麼造成的呢？

應該說，眾生之間的差別，主要表現在精神生命的純潔度，即思想認知的差異。眾生各自不同、迥然相異的思想認知，使眾生產生了互不相同的語言和行為，即所謂的境界差異。眾生們互不相同的思想、語言和行為，在宇宙人生原理和規律的作用下，隨之而產生了一系列與之相應的結果（真空妙有），這便表現為眾生各異的精神面貌和命運。

佛說眾生平等，還表現在宇宙人生的基本原理及規律對眾生的作用上，此即因果。在宇宙（法界）中，任何生命都無法逃脫宇宙人生的基本原理及規律對生命的規定和制約，連佛也不例外。在這裡，眾生是絕對平等、一致的。《老子》曰：「天道無親，常與善人。」又說：「天網恢恢，疏而不漏。」這也都契合佛陀所說。因此，從根本上來看，天下的一切學問都是相通的，也都是相同的；所不同的，是眾生對宇宙人生真相的認識和理解。

眾生之所以無法證悟宇宙人生的真相，成佛做主，乃是因為眾生有多生多劫習染的、與生俱來的貪欲和執著；眾生若能徹底放下一切執著，放下對一切「非我」的貪戀，當即就可進入理事圓融的一真法界，成佛做祖。

不過，從佛教傳入新羅的發展來看，佛陀提出的平等理念對於新羅固有的社會秩序似乎沒有產生太大的影響。這不是說佛教主張的眾生平等之理念在新羅的骨品制下毫無意義、難以推行；只是，理論的實現需要經歷實際的應用和磨合；從現實的層面（事相）來看，不平等是正常的，因為有因果的循環、六道的往復。

新羅時代中期，如來藏思想（註二）比較流行，「眾生皆可成佛」與佛教的平等理念緊密相連。

新羅的出家人對如來藏思想表現出極大的熱情。安弘在真興王三十七年（西元五七六年，北周武帝建德五年）至中國求法，學成歸來之時帶回了《楞伽經》、《勝鬘經》以及《如來藏經》、《涅槃經》、《佛說不增不減經》等如來藏系統的經論。隨著這些經論在新羅的流通，讓更多的僧眾對如來藏思想有了進一步的瞭解和思考。

元曉對佛教的平等思想有著濃厚的興趣和深刻的理解；他對於「如來藏」、「佛性」的理解，在他的《起信論疏》、《涅槃宗要》、《法華宗要》等著作中多有論及。比如，他曾在《法華宗要》中說道：

> 如來法身如來藏性，一切眾生平等所有；
> 能運一切同歸本原，由是道理無有異。

元曉還很重視《寶性論》，並特別編撰了《寶性論宗要》、《寶性論料簡》各一卷來進行細緻的研究；不過，可惜的是這兩部著作都未能傳世。此外，元曉還在他的著作《涅槃宗要》中多次引用《寶性論》來作為自己的理論依據，由此可知他對「如來藏」思想的重視。

當時，由玄奘弟子窺基法師所傳之唯識宗，主張眾生本性各有差別，即所謂「五性各別」，與主張「一切眾生悉有佛性」的《涅槃經》思想形成了對立。對於唯識宗的主張，元曉不表認同。

元曉說：「即使極壞的人，那也是因為可以發惡的因緣才變成那樣，其內在的品性本來與佛無異。」他的這番主張，是站在人人平等的基礎上而提出。若加以形象地表示，雖然現在是黑夜，四方迷霧重重，令人難辨方向；但當雲層散盡時，世間萬物會重新沐浴在太陽的光芒中；同樣地，人只要當下發心懺悔，就有可能成佛。

元曉的道侶義湘也非常積極地提倡這一理念。他曾對新羅國王說：「佛教主張平等，高下同均，貴賤同理。」在不平等的新羅骨品制社會中，接受並理解平等思想的元曉和義湘等高僧的出現，具有重要意義；因為，通過他們，影響了當時很多的知識分子。

元曉的「無礙行」，讓我們看到他挑戰身分等級制度的「企圖」。一方面，他是曾在皇龍寺登臺說法的高僧；現今，則是一國之君武烈王的乘龍快婿；身分地位顯赫一時。

另一方面，他翻山越嶺，走進村落，與一般百姓同甘共苦。當然，他的這種無礙行是一種教化大眾的方式，卻也充分顯示了元曉不拘泥於身分限制的意圖。他自稱是「小性居士」，正體現了他對於不平等身分制度的態度和挑戰。

世人笑我太瘋癲

元曉的偉大不僅體現在他的佛學素養上，更體現在他透過「無礙行」來對大眾進行教化。他自己不拘泥於任何阻攔和束縛，是一個實踐佛陀平等主張的自由人。

他口出狂言、舉止粗俗、言語行為毫無章法，根本不是我們想像中那種或研讀經典、或尋求風雅的在家居士。

《宋高僧傳》以及《三國遺事》中都提到了元曉這種獨特的教化方式。他經過一個個村落，邊歌邊舞，男女老少看在眼裡、樂在心中。一個瘋癲的怪人，該是多麼地引人注目！

在這個世界上，能夠擺脫各種障礙和執著的真正自由人就是「無礙人」。對開悟的人來說，這是為了教化大眾而進行的一場表演，元曉自己心裡也很明白，這是他「遊戲人間，磨練習氣」的絕好機會。

當然，遠離真理的無礙行為是放縱，絕對的自由是要建立在絕對的自律之上。清淨的行為不只是在深山中，紅塵俗世中亦可清身淨心。立足世俗而不失純淨，就像出淤泥而不染的蓮花；雖出自泥水，卻不失芬芳和清香。

元曉教化民眾的過程有著重要意義；亦即，在當時的新羅社會，佛教信仰不再只是上層貴族的特權，一般百姓也可學習這一偉大的宗教。

一般人不知人生有什麼意義；但是，經由佛教，讓他們瞭解宇宙人生的真理，瞭解因果循環，繼而去實踐修行，讓人生不再隨波逐流。這樣的人生，才具有了一定的意義，這也是我們生而為人的使命所在。

元曉遊走在不同的村落，見到的人也是三教九流、形形色色；而他瘋瘋癲癲的樣子，讓每個人都對他印象深刻，男女老少無人不知。

他時而故作病態，時而引吭高歌，時而怒氣沖天，時而沉思不語；他的喜怒哀樂被每個人看在眼裡，記在心上。元曉相信，每個人都有佛性；雖然現在被煩惱困擾，但煩惱的烏雲終將散去。他不敢小看每一個人，因為他知道每個人都會成為覺悟、有理性的人。

在嚴格奉行骨品制的新羅，像元曉這樣敢說、敢做、勇於打破骨品限制的人非常少。他對每個人、特別是出身貧賤的百姓皆一視同仁，並用他獨特的度眾方式時刻在提醒他們人人都是大丈夫，要從日常生活中尋找人生的意義，學習佛法，並實踐佛法。

元曉喜歡用「普敬」一詞，意思就是捨己為人、為大眾謀取福利。從他身上我們看到了大乘佛教的菩薩行。菩薩，為「菩提薩埵」（bodhisatta）的簡稱，意為「覺有情」——誓將自己和一切眾生從愚癡中解脫出來，得到徹底的覺悟，自覺、覺他。

元曉的教化沒有固定的模式，而是根據環境與個人的差異，分別教育，方法隨之變化。他總是盡可能地把更多人聚集在一起，並激發他們的興趣。元曉說這是「隨順方便」，即先讓眾生身心輕安，然後再聽其言、行其教。

從度眾方法可以看出，他深知一般民眾的心理：信仰，畢竟是在吃飽肚子的前提下才有可能思考的事情；當處在食不果腹、衣不蔽體的狀態下，再偉大的信仰也敵不過一頓美食的吸引。

元曉留下許多著作，但在教化大眾時卻沒有藉由這些複雜的理論來教導眾生。他認為，每個人的根基不同，對大部分人來說這些理論太過複雜；如果一開始覺得困難，就難以堅持下去。若是如此，不如藉由簡短的偈頌或者佛號來引發他們思考；只要進得門來，這顆菩提種子總有一天會生根發芽。

所以，元曉行走在街頭時，或高聲念佛，或手舞足蹈，力求讓眾人都聽得懂、看得見。據說，當時大部分的平民都知道有元曉這麼一個瘋癲的居士；他走街串巷地傳播佛法，所以很多人都跟他學會了念誦「南無阿彌陀佛」。

為了教化，元曉還編寫了通俗的歌曲，〈無礙歌〉、〈彌陀證性偈〉就是其中的代表作。〈無礙歌〉的歌詞一直到朝鮮時代還有流傳，遺憾的是沒能流傳至今，只知道這首歌的名稱是從《華嚴經》「一切無礙人，一道出生死」而來。另外一首〈彌陀證性偈〉則是有關淨土信仰，其中部分歌詞傳承至今：

乃往過去久遠世，有一高士號法藏；初發無上菩提心，出俗入道破諸相。
雖知一心無二相，而湣群生沒苦海；起六八大超誓願，具修淨業離諸穢。
法界身相難思議，寂然無為無不為；至以順彼佛身心，必不獲已生彼國。

元曉在街頭高歌，為生者祈福，也為逝者祝願；他將人們喜愛的旋律編為歌曲，藉此把蘊含其中的佛教教義傳達給大眾。

〈誓幢和尚碑〉中有「舞惆悵」的部分，據說是表達憂愁的一段舞蹈，是「無礙舞」的一部分。因為沒有明確的史料記載和說明，所以無法對其具體內容進行進一步的瞭解；只知道，這種舞蹈在傳播過程中，隨著時代的變化也有不同的呈現。

我們可以想像一下：一身素衣的舞者，在風中隨著歌聲起舞。舞者手持一個葫蘆，葫蘆上面繫著金鈴鐺，連接的是長長的綢緞；搖動葫蘆時，鈴鐺發出清脆的響聲，綢緞隨之飄逸。其舞步時而前進、時而後退，時而急促、時而輕緩；舉手投足之間，傳達出不同的信息。

對於生活在朝鮮半島上這個能歌善舞的民族，沒有哪一種方式能比這種方式更能吸引大眾的關注了。

舞者通過飄逸灑脫的舞步，把佛教深奧的道理蘊含其中，試圖超越現實的俗世，到達彼岸。

〈誓幢和尚碑〉中稱元曉神通廣大，並使用了「三明」一詞。這或可以解讀為，元曉引發大眾對自己的過去、現在以及未來的思考，並有了覺醒的認識；甚至，高麗國師義天也贊歎他是「神通難測，妙用難思」。

碑文中還記載了元曉擲盤救眾的故事——

某日，距離新羅千里之外的大唐都城長安，一座寺院裡正在舉行佛事，眾人雲集。

元曉用天眼預先看到了那座寺院的大雄寶殿即將坍塌，屆時將死傷無數。於是，他從隨身的口袋裡掏出一個小盤子扔向空中，盤子就這麼飛過海洋，來到寺院上空，在大雄寶殿外的空地上盤旋。

當時在古剎中參加法會的大眾，聽見空中傳來陣陣怪聲，紛紛走出查看，只見一奇異之物在庭院中旋轉不停；說時遲，那時快，轟然一聲巨響，大地震動，大雄寶殿在剎那間化為斷垣殘壁，一時粉塵瀰漫。險遭不測的大眾，受驚之餘，往前探看，只見一陶製盤碟，上面寫著「海東元曉擲盤救眾」。眾人嘖嘖稱奇，一起朝東禮謝，自此對新羅元曉崇拜有加。

當然，這則傳說是有些刻意宣揚元曉對於中國佛教的影響。此外，關於他的無礙行還有其他的傳說，比如「數處現形、百處現形、分百身」等。

不過，若就元曉自己所說的話來看，他並沒有彰顯自己與他人的不同，反而認為：「能預知世上吉凶的神通，雖可令人驚異或感動，終究不離因果。」他還說過一段非常發人省思的話：

我曾經盡一切的力量（包括神通）也無法阻止一朵花的凋謝，甚至集一萬個神通力也無法阻止無常的來臨。因此，不管你願不願意，世間的無常是無法避免的。

歷來的高僧大德有神通卻又不刻意彰顯神通，甚至要隱匿，這似乎有些矛盾；其實，佛教教法中一向認為神通並不是萬能的。首先，神通是有限的；神通力量雖然似乎十分強大，但還是受到因緣條件限制，無法改變業力，因此才有「神通敵不過業力」的說法。所以，如果想用神通來去掉過去所造的惡業，或憑空得到福報，是絲毫不可能的。

其次，神通的力量是相對的；不同的修行、不同的因緣條件，神通力量也不相同；同一個人在不同的情境、因緣條件下，其神通力量也可能產生差異。

最後，神通是一種經由身心的修行而成就的一種能力；雖然獲得神通的方式有許多種，但重點還是在於禪定所發起的神通。由此可見，佛教對神通有著嚴格的定義，也有系統的理論與修習方法。只可惜大多數人不能正確地認知神通，往往因為非理性的迷信而誤入歧途。

佛教提倡悲智雙修，即智慧與慈悲具足。神通是悲智雙修的副產品；為了更方便善巧地度化眾生，自有其積極地意義。然而，使用得當，它能夠給自己和大眾帶來歡喜；如果離開了戒律的約束而濫用神通，則可能帶來意想不到的煩惱與障礙。最可悲的是，有人為求個人私利，受無明心的驅使，造惡不斷而墮入無墮入無間地獄。要切記的是，神通不敵業力，神通並非無所不能，更非究竟之道。

時至今日，韓國流傳著很多與元曉有關的傳說；由他創建的寺院據說有兩百多座，說明了大眾對他的崇拜。因為他的偉大事蹟被後人所認同，後世的人們重複地把自己的願望和夢想都附加在這位偉大人物身上，逐漸成為我們今天所看到的這些歷史記錄。或許，與其說元曉成就了眾生，不如說是眾生塑造了元曉。

不辭辛苦地翻山越嶺，只為與大眾結緣，在他們的心中種下一顆菩提種子。至高者不必另刻其跡，也不需要刻碑稱頌；因為，每個人心裡都明白誰是真正對自己慈悲，誰在真正地幫助自己——

正是這個外表瘋癲、內心火熱的元曉！

報國王恩、報眾生恩

元曉生活在新羅統一三國之前的戰亂時期，當時的朝鮮半島被戰爭烏雲所籠罩，到處都是持續不斷地紛爭。在這樣的紅塵世界裡修行的元曉，當時做了些什麼呢？

後人有兩種不同觀點：一種是把元曉視為護國佛教的代表人物，另一種則認為元曉只是個閉門清修的學問僧，對國家社稷毫不在意。其實，兩種觀點都只說對了一部分。元曉並不是護國佛教的領軍人物，也並非只醉心於學問，對當時新羅所面臨的問題完全不關心。

第二種觀點的形成，是因為在元曉的生平活動中找不到與護國直接有關的聯繫；在他留下的諸多著作中，也沒有任何與國家社稷相關的直接體現。與同時代的高僧圓光、義湘不同，元曉表現出來的似乎只是對佛教高深義理的關注。

其實不然。例如，〈誓幢和尚碑〉中的內容雖然沒有直接與國家聯繫在一起；但是，細細品味，則會有以小見大的不同解讀。比如，元曉在文武王時期曾幫忙出謀劃策，還曾為治療王妃的疾病而讀誦《金剛三昧經》。

《三國遺事》中有這樣一個故事：在文武王統治初期，元曉解讀了羅唐聯軍的密碼文書，為處於險境的新羅軍隊提供了重要幫助。

據說，唐太宗在百濟的舊領地——熊津設立了都督府，並駐軍一萬名，統帥是赫赫有名的將軍蘇定方。龍朔元年（西元六六一年）四月開始，唐軍以四萬兵力開始進攻高句麗，蘇定方率領軍隊翻山越嶺，於同年八月包圍了平壤城。圍攻戰役打得很辛苦；偏偏這個時候，後方補給也出了問題，導致糧食供應日漸不足。

十月，圍攻平壤的唐軍要求新羅運送軍糧充當補給。沒過多久，駐紮熊津的唐軍軍糧也開始不足，新羅得同時向兩地運送軍糧，以保證唐軍的後勤補給。向熊津運送軍糧的大都是老弱病殘；從新羅首都慶州出發後，中途遭遇暴雪天，近百餘人和馬匹都被凍死，只有少數人生還。如此惡劣的環境下，要想將糧食送到比熊津還遠的平壤幾乎是不可能的事情。六十七歲的老將軍金庾信，主動承擔起這個極其艱巨的任務。

金庾信將軍率領金仁問、金良圖等九位大將，選擇了水運，將四千石大米和兩萬兩千二百五十石水稻裝運到兩千多艘船舶中，於同年十二月十日出發前往平壤城。那年冬天的暴風雪格外地多，路途艱辛加上天氣惡劣，許多士兵命喪途中。不料，屋漏偏逢連夜雨，還遭遇高句麗軍隊圍攻，與之發生了戰鬥。

龍朔二年（西元六六二年）二月一日，度過臨津江之後，抵達了張賽（今黃海道遂安），此地距離平壤城仍有大約六十里路程。金庾信派遣隨從金烈起等人先行一步前往唐軍大營通報；眾人一路快馬加鞭，兩天後方抵達，向蘇定方彙報了軍糧到來的消息。

不料，新羅軍歷時兩個月路途，不畏艱辛、遠赴千里地冒死送來了軍糧，得到的卻是蘇定方準備撤軍的決定，這對新羅軍無異於晴天霹靂。

為防止高句麗密探獲取重要的作戰決定，出於安全考慮，蘇定方當時並沒有直接告訴新羅自己要帶兵撤離。他只是故作神祕地將一幅畫有小牛和雀鳥的密碼圖交給新羅軍，然後命令部下把營地弄得人聲鼎沸、炊煙滾滾，給高句麗以錯覺，讓他們以為唐軍的供給問題已經解決。其實，唐軍暗地裡已經一批批地悄悄撤退了。

在完成運送軍糧的任務後，稍作休憩，新羅軍也重新踏上歸途。期間又與高句麗軍隊幾番惡戰，饑寒交迫的新羅士兵拖著疲憊不堪的身體撤退，卻有很多人再也沒能返回故鄉。

眼看著屬下處於水深火熱之中，新羅將軍金庾信非常心疼，更加急切地想要破譯蘇定方給的密碼圖。不過，這則密碼看似簡單，卻不易解讀；幾經周折，這個重任落到了當時赫赫有名的元曉大師身上。看到這幅畫後，元曉把「畫犢（小牛）」及「畫鸞（類似鳳凰）」用新羅鄉音解讀，「畫犢」即是「速」，「畫鸞」即是「還」，兩者合起來就是「速還」。

金庾信得知這一消息後，立刻命令軍隊撤離前線。其實，他也早有預感；只是礙於聽命於人，不得不被動地等待。還好，因為元曉及時破譯密碼，讓新羅軍隊倖免於難，保存了實力。

當然，在這個傳說中也有疑問。從前方戰地往返元曉所在的後方，不僅要穿越敵方陣營，來回更需花費大量時間。考慮到當時的緊張局勢，基本上應可推斷整個故事乃是後人的虛構。即便如此，透過這則傳說，也能讓我們瞭解到，元曉在當時的新羅社會擁有頗高的聲望。

元曉曾經編撰了有關《金光明經》（註三）這部護國經典的疏和義記兩種著作，可惜因散失而未能流傳至今。根據散落在其他注釋書中的片段可知，他認為，作為一國之君應時刻警惕自己的過失；因為，如果國王犯了十重戒便會失去王位，同時還會造成國家和人民的不幸。所以，國王要對百姓負責，百姓則相對地要擁護國王。

武烈王深知元曉是難得的人才，便勸說其與瑤石公主成親。與其說他敬重這位精通佛法的大師，不如說是看中元曉過人的天賦，想讓他輔佐自己處理國家政事，這倒是與唐太宗勸說玄奘法師入宮輔助他處理朝政的情況如出一轍。新羅時代的出家人，其出身要高於一般平民；再加上精通方外之學，可說是難得的人才。

在當時，新羅的留學生和僧侶在入唐之前，需先經過嚴格的篩選，之後再經官方向大唐禮部提出申請，得到批准後方可獲准；而且，他們基本上是隨使節團一道前來。所以，向唐朝派遣留學生對於新羅來說，亦是一件非常重要的外交禮儀。

而唐朝給他們的名額也不是一成不變的。據《舊唐書》記載，在貞觀時期，國子監六學學生共有八千餘人；其中，唐朝本國學生為三千二百六十人，外國留學生接近五千人，以新羅和日本的學生為主，比例為百分之六十左右，這是唐朝留學生最多的時期。隨著唐朝國力的衰退，國子監六學的名額隨之急劇減少；據《唐會要》記載，到元和年間，本國學生加上留學生總數只有六百五十人，這一數字維持到唐朝滅亡。

這些入唐的棟梁之才，大部分都在學有所成後返回自己的祖國，報答國家的造就之恩；不過，也有一些學生和僧人選擇留在大唐，繼續他們的人生，為兩國間的交流乃至東亞的文化交流做出重要貢獻。新羅方面，文人的代表有崔致遠（註四）等，出家僧眾則有神昉（註五）、玄超等人。

作為國家棟梁，安邦護國是其使命所在。佛教的「報國王恩」是說，國王福德最勝，國界中的一切山河大地都由他統領；如果國王政治清明，則能使人民安居樂業；反之，如果國王昏庸無道，人民則會處於水深火熱之中。人民要安居樂業，必須要有國家；若無國家，不但無法抵禦外患，本國百姓的生命家園也沒有保障。所以，「報國王恩」說明了佛教與國家之間的關係，就是要尊重賢明君王對國家的治理，勤修善行，以佛法輔助國家的教化。

所謂「報眾生恩」，則是因為世間因緣無盡，一切眾生猶如自己的父母一般，應當時刻常思報答。《華嚴經》云：「一切眾生而為樹根，諸佛菩薩而為花果；以大悲水饒益眾生，則能成就諸佛菩薩智慧花果。」釋迦牟尼於《增一阿含經》云：「為家忘一人，為村忘一家，為國忘一村，為身忘世間。」這就是說，為了國家的安寧乃至世界的和平，要不惜放棄個人和小集體的利益。在《大乘理趣六波羅蜜多經》中，釋迦牟尼對弟子說：「將一滴水放到大海中去，這一滴水就永遠不會乾。」也就是要行菩薩的大悲願力，積極利益世間眾生。

總之，從佛教的報國王恩和報眾生恩此可以看出，個人的修行解脫離不開眾生的成就和國家的護持。

不過，相比報答國家之恩，元曉更關心的是平民百姓的生計；作為一名大乘佛教的實踐者，菩薩行才是他的本色。對於新羅這片土地，有元曉這位如精神支柱般的存在，是值得慶幸的事情！

願往生！願往生！

在元曉的眾多弟子中有一位名為嚴莊的出家人，他拜入元曉門下是在文武王時期（西元六六一至六八〇年），元曉當時的年紀是在四十四到六十四歲之間。

嚴莊有一個要好的同鄉朋友廣德，得知他出家修行的消息後非常高興；送別嚴莊前，兩人約定要往生極樂世界。許多年後的一個夜晚，在山中茅棚裡獨自修行的嚴莊，突然聽到窗外傳來廣德的聲音：「我先去西方見阿彌陀佛了，咱們回頭見！」他急忙起身來到屋外，卻發現空無一人，只有那輪圓月顯得格外明亮。

次日一早，嚴莊便動身返鄉；經過幾日的長途跋涉，終於回到家鄉。他顧不上休息，匆忙趕往廣德家，卻被告知廣德已於幾日前離世，時間正是在山中聽到廣德說話的那一晚。

嚴莊感嘆不已，遂決定留在村裡每日認真念佛修行，希望自己也能往生極樂。但是，習慣了山中清修的他有些不適應俗世的生活，道心也慢慢退失。直到一天，嚴莊突然發心懺悔，前往元曉駐錫的寺院，請求法師指點。

元曉開示：山林也罷，俗世也罷，都是同一個人在修行；心隨境轉，學會調心，持名念佛，功到自然成。

嚴莊聽後深受觸動，依照元曉大師所說，觀察起心動念，認真念佛，終於得以往生極樂。

這是流傳在新羅的一則關於往生的故事，與之呼應的還有一首鄉歌〈願往生歌〉：「月下伊底亦，西方念丁去賜裡遣。無量壽佛前乃，惱叱古音多可支白遣賜立。誓音深史隱尊衣希仰支，兩手集刀花乎白良。願往生！願往生！慕人有如白遣賜立阿邪，此身遺也置遣，四十八大願成遣賜去。」

由這首流傳在當時新羅的鄉歌可知，新羅那時的淨土信仰非常流行。據說，新羅華嚴宗第一代祖師義湘平時都是面向西方而坐，以示對阿彌陀佛的恭敬。在這樣的社會氛圍下，元曉在教化大眾時，自然也會選擇以入門容易的淨土信仰作為基本方式。

元曉奔走在全國各地，讓出身貧賤之人都跟他念誦一句「南無阿彌陀佛」；而那些飽受戰爭之苦的人們，在聽到前面提過的〈彌陀證性偈〉，以及他宣講阿彌陀佛大願成就的極樂世界後，都在某種程度獲得了心靈的慰藉。

不論是〈願往生歌〉還是〈彌陀證性偈〉，都傳達出人們欲往生極樂的願望。元曉說，眾生心原本清淨如虛空，只因無明妄風而有顛倒，故有五濁惡世之苦；要想渡過苦海，需依賴舵手的控槳，方能乘坐般若小舟到達彼岸。

對於佛陀而言，無此岸亦無彼岸，自然也就沒有穢土、淨土之分。只是，我等凡夫難以達到這種知行合一的境界，只有借助菩薩大願，來成就這場莊嚴佛事。

有人質疑：我等輪迴已久，煩惱習氣深重，僅憑一句阿彌陀佛就可以往生淨土嗎？元曉強調：「莫以爾等陋識去度量佛智。往生極樂最重要的就是念佛一心不亂，念到不念自念。」

順從阿彌陀佛的願力，即可往生極樂。正如〈彌陀證性偈〉中的最後一句所說：「至以順彼佛身心，必不獲已生彼國。」

南無阿彌陀佛！

南無阿彌陀佛！

南無阿彌陀佛！

元曉作為那個時代的高僧，有很多人想跟隨他學習；在眾多仰慕者中，有一個人與元曉有著深厚淵源；此人名叫蛇福，也是新羅時代的高僧之一。他的畫像曾供奉在首都慶州興倫寺的法堂中，作為十聖之一而受人尊敬；據載，一直到高麗時代，還有寺院供奉他的畫像。他可能是元曉的弟子，但因沒有確切的史料記載，所以難下定論。

高麗時代的文人李奎甫，於新宗三年（西元一二〇〇年）八月二十一日前往扶安的元曉房參拜，聽到了當地流傳的有關元曉和蛇福的傳說，於是作詩一首記錄下當時的心得：

題楞迦山元曉房（《東國李相國集・卷第九・古律詩》）

循山度危梯，疊足行線路；上有百仞巔，曉聖曾結宇。
靈蹤杳何處，遺影留鵝素；茶泉貯寒玉，酌飲味如乳。
此地舊無水，釋子難棲住；曉公一來寄，甘液湧巖竇。
吾師繼高蹲，短葛此來寓；環顧八尺房，惟有一雙屨。

亦無侍居者，獨坐度朝暮；小性復生世，敢不拜僂傴。

根據流傳至今的傳說可知，當時，在新羅京師附近的萬善北里住著一對相依為命的母子，那個孩子一直到十二歲仍不會說話，也站不起來，整日像蛇一樣蜷伏在地上，所以當地人稱他為蛇童（即後來的蛇福）。

此處有寺院名高仙寺；有一天，從其他地方雲游至此的元曉借住在這裡。

某一天，蛇福的母親突發重病，不幸病故，留下孤苦伶仃的蛇福一個人。當時，村子裡沒人肯幫這個孩子料理他母親的後事，無助的孩子只能蜷縮在死去的母親身邊啜泣。此事一傳十、十傳百，就傳到了元曉耳中。得知此事後，他急忙趕往蛇福家，進門後先向亡者行禮，並對亡者說道：「你前生是給寺院馱運經書的一頭牛，今日償還宿債已，我當為你超度送行。」

隨後轉身對蛇福說：「和我一起去埋葬你的母親吧！」這時，一直蹺伏在地上的蛇福竟然站了起來，請求元曉為他的母親傳授菩薩戒；元曉滿足了他的願望，並開示道：「莫生兮，其死也苦；莫死兮，其生也苦。」

然後，二人前往附近的活里山，準備找一處地方安葬蛇福的母親。蛇福對元曉說：「往昔有釋迦牟尼佛娑羅樹間入涅槃，於今則有追隨者欲入蓮花藏世界。」言畢，將身邊一顆小樹連根拔起，只見地上竟露出一個清朗的世界，七寶樓閣非人間能比。於是，蛇福背著母親的大體走了下去，洞口奄然合起；元曉法師則雙手合十，轉身返回了寺院。

這則傳說裡包含諸多佛教的寓意。蛇福和他母親的遭遇代表因果循環；母子二人因為前世業力，這一世遭受了不同的果報，生而貧賤；活著的時食不果腹，死去時更是無人理睬，只是重複著從生到死、從死到生的輪迴而已。

這正是我們的寫照：沒有覺悟時執著於愛，未能拋棄貪欲，使人生陷入惡性循環；若非覺悟之人的出現，為我們開示明路，循環還將一直繼續下去。

佛陀說過，人身是苦本，但此「苦」非一般人以為的痛苦；佛陀強調的「苦」，是指無常之苦。一切無常，一切都在變化當中，一切都在生生滅滅、轉眼即逝；因為不能永久，所以才苦。因為美麗、健康、財富、快樂都是短暫的，身強力壯並不永久，總會被衰老病死取代；錢財不能永遠持有，富人也會變窮；權位勢力不會持久，昨日座上客、今日階下囚。人生當中雖有喜樂，但不永久；一旦變化，苦痛就來。所以，佛說人生是苦，意指有缺陷、不永久。

由此也引伸出佛教的積極人生觀：要珍惜當下，懂得惜福。擁有的幸福與快樂雖然短暫，也是宿世因緣所致，即人們常說的福報。如果不珍惜眼前的幸福，不僅會人在福中不知福，還會把好事做成壞事，因糟蹋福報而造新業。

佛教指出了人生的缺陷，指出一切無常、不能久在，所以提出了積極的修持法，主張大家努力修行。人生有缺陷就像身體生病，要就醫服藥後，方能恢復健康；今世有缺陷，趕緊修來世亦是一種積極的辦法。佛教的修行，正是對治「人生是苦」之嚴酷現實的有效手段。

現實中雖然說是「無常、苦、空、無我」，但我們修行的目標是「常、樂、我、淨」；朝著這個方向努力的人，就不會悲觀與消極。人生雖苦，但佛教教人化苦為樂，指引人們如何邁向積極的、向上的、健康的、喜樂的人生道路。

通過眾人口口相傳，當時的新羅人對於因果循環已經有了認識。元曉大師四處奔走、教化大眾所付出的努力，已經開始生根發芽。

在這個汙濁的世界上，能夠出淤泥而不染、度過一生的人，是值得尊敬的；如果他還能做出一些成就、為眾生做出貢獻，我們可以將其視為一位偉大的人。

元曉就是這樣的一個人。

【註釋】

註一：「九品中正制」又稱九品官人法，是魏晉南北朝時期重要的選官制度，是魏文帝曹丕採納吏部尚書陳群的意見，於黃初元年（西元二二〇年）命其制定的制度。此制至西晉漸趨完備，南北朝時又有所變化；從曹魏始至隋唐科舉的確立，存在約四百年之久。九品中正制上承兩漢察舉制，下啟隋唐之科舉，在中國古代政治制度史上占有十分重要的地位。

所謂「中正」，指的是品評人才的官職名稱。大體是指由各州郡分別推選「大中正」一人——所推舉之大中正必為在中央任職官員、且德名俱高者，大中正再產生「小中正」。大、小中正產生後，由中央分發一種人才調查表，在該表中將人才分為九等：上上、上中、上下、中上、中中、中下、下上、下中、下下，因此稱為「九品中正」。

此表由各地大小中正以自己所知，將無論是否出仕之各地人士皆登記其上，詳記年籍各項，分別品第，並加評語。小中正襄助大中正審核後，將表呈交吏部，吏部依此進行官吏的升遷與罷黜。此項制度使得當時的官吏選拔有一客觀標準，其實依然是採取地方群眾的輿論和公共意見，保留了漢代鄉舉里選的遺意。

註二：如來藏，梵文 Tathāgatagarbha，由 Tathāgata（如來）與 garbha（藏）組成，蘊涵「含藏如來的一切功德、得以出生如來」之意。

各大經論中都有講說如來藏，可以歸納為兩點：一、如來藏不動不壞、不增不減、無有變異、清淨本然。二、在第一點的基礎上，如來藏亦不離煩惱藏，恆被生滅法纏縛，而能現種種影像。

換句話說，如來藏在保持清淨不動的同時，又能將世間一切淨不淨法統統顯現出來，這就是《勝鬘經》所云：

剎那善心非煩惱所染，剎那不善心亦非煩惱所染。煩惱不觸心，心不觸煩惱。云何不觸法而能得染心？世尊，然有煩惱、有煩惱染心，自性清淨心而有染者，難可了知。

所以才會有《楞伽經》云：「依如來藏故，有世間涅槃苦樂之因。」又云：

如來藏者，為善不善因受苦樂，與因俱若生若滅，猶如伎兒作諸伎樂等。

如來藏就如同鏡子，煩惱藏就如同境外之物；鏡子可以顯現各種影像，但鏡子本身始終不動不壞、清淨本然，如來藏的道理就是如此，諸佛與眾生如來藏皆是平等。

註三：《金光明經》，又名《金光明最勝王經》，唐朝三藏法師義淨譯，與《妙法蓮華經》、《護國仁王經》同為鎮護國家之三部經。

《金光明最勝王經》在開闡如來祕密心髓、懺悔業障、積聚福德資糧以及弘揚佛法、護國利民等方面具有無比殊勝的功德。念誦此經，國家及持誦人可得四大天王保護，使一切世間有情安穩康樂。

註四：崔致遠，字孤雲，新羅末期人，是韓國歷史上第一位留下個人文集的大學者、詩人，被韓國學術界尊奉為韓國漢文學的開山鼻祖，有「東國儒宗」的稱譽。

他十二歲時離開新羅來到長安求學，在唐朝一共待了十六年時間，前面的七、八年是在長安、洛陽求學，後半期則先後在溧水（今南京市溧水區）、淮南為官，約八年多時間，曾參與討伐黃巢；西元八八一年任淮南節度使（駐揚州）的從事。二十八歲回到新羅，在新羅王朝繼續擔任要職。

崔致遠一生文學創作不斷，曾經將自己的佳作彙編入《桂苑筆耕集》二十卷傳世。由於在文學上的極高成就，崔致遠死後被追謚文昌侯，入祀先聖廟庭，尊為「百世之師」。

註五：神昉是玄奘門下參與譯經最久的一位僧人，並被譽為四大弟子之一。他早在玄奘法師返回長安前就已是法海寺的大德；貞觀十九年（西元六四五年），作為被選拔的十二名大德之一，參與玄奘法師的佛經翻譯。神昉分別擔任過筆受、綴文、證義等職；《本事經》七卷，是在永徽元年（西元六五〇年）九月於大慈恩寺譯經院，由玄奘法師主持翻譯的，他擔任筆受。次年，在玄奘翻譯《大乘大集地藏十輪經》時也是擔任筆受；翻譯《阿毘達磨大毘婆沙論》時也是筆受。後終於大唐。

玄超是密宗大師善無畏的嫡傳弟子，胎藏界密法出入中土的第一代傳人。玄超的事蹟沒有專文記載，惟見於《兩部大法相承師資付法記》和《大唐青龍寺三朝供奉大德行狀》。《兩部大法相承師資付法記》中云，善無畏三藏將《大毗盧遮那大教王》傳付於大興善寺沙門一行和新羅國僧玄超。但由於一行忙碌，無暇授徒傳法，玄超便成了善無畏學說的關鍵性繼承人和傳播者。後來，青龍寺惠果從玄超受法，並廣泛傳播，遠及韓國、日本等地。

第五章　不滅的燈火

唯我海東菩薩，融明性相，隱括古今，和百家異諍之端，得一代至公之論；而況神通不測，妙用難思。

歷史學者傳統上將新羅的歷史分成三部分：早期（西元前五十七年至西元六五四年）、中期（西元六五五至七八九年）和晚期（西元七九〇至九三五年）。

唐高宗永徽五年，新羅真德女王八年（西元六五四年），真德女王去世。在她死後，新羅骨品制度隨之落幕。骨品制度的終止，標示著新羅早期統治歷史的結束和中期統治歷史的開始。

六方告滅

新羅真德女王，姓金，名勝曼，是真平王金白淨的同母弟葛文王金國飯、與月明夫人朴氏之女，即真平王的侄女，善德女王金德曼的堂妹。《三國史記》中稱其「姿質豐麗，長七尺，垂手過膝。」她是新羅國第二十八代君主，朝鮮半島歷史上的第二位女王。雖然在位只有七年，卻啟動了一件影響深遠的大事——羅唐聯盟；此舉確立了新羅的未來發展道路，為新羅統一三國奠定了基礎。

西元六四七年，善德女王金德曼去世；因無子嗣，堂妹金勝曼便以聖骨之身繼承王位。真德女王繼位後，誅殺叛賊毗曇，平定叛亂。討伐完叛軍後，真德女王進行了強化王權的統治、並輔以經濟改革。

即位第二年改元太和，派遣伊食金春秋（其後的武烈王）到唐朝請攻百濟；真德女王三年正月，始號令全國服中國衣裳。唐高宗永徽元年（真德女王四年，西元六五〇年），羅唐聯合軍大破百濟，真德女王派金春秋的兒子金法敏（後來的文武王）入唐朝覲見，並親自撰寫了五言〈太平頌〉獻予唐高宗李治。頌辭為：

大唐開洪業，巍巍皇猷昌；止戈戎大定，修文繼百王。
統天崇雨施，理物體含章；深仁偕日月，撫運邁陶唐。
幡旗既赫赫，鉦鼓何鍠鍠；外夷違命者，剪覆被天殃。
淳風凝幽顯，遐邇競呈祥；四時和玉燭，七曜巡萬方。
維岳降宰輔，維帝任忠良；五三成一德，昭我唐家光。

唐高祖贊賞她的心意，把前來祝賀的金法敏提拔為正三品太府卿。永徽五年，真德女王去世，唐高宗為之舉哀，追贈開府儀同三司，賜給彩緞三百。命太常丞張文收持節前往吊祭，由金春秋繼襲王位。

七世紀，新羅開始與大唐結盟。六六〇年，武烈王在大唐的幫助下征戰百濟。六六八年，文武王和金庾信遠伐北邊的高句麗。

高句麗、百濟新羅三國，經過多年你來我往的激烈鬥爭，終於迎來了戰爭的結束。

大唐麟德元年（西元六六四年），百濟亡。

大唐總章二年（西元六六九年），高句麗亡。

以高句麗、百濟滅，大赦天下；然而，唐使來責新羅擅取百濟地。

不過，從某種意義上來說，新羅雖然同大唐聯合消滅了百濟和高句麗，只是占據了大同江以南地區；而在大同江以北的原高句麗的土地上，則新成立了渤海國，其政權延續了兩百多年。

當時，新羅統治階段的代表人物金春秋，與唐朝統治者締結了聯合消滅百濟和高句麗的祕密協議。協議規定，新羅與唐朝侵略勢力聯合消滅百濟和高句麗後，大同江以南地區歸屬新羅，大同江以北廣闊的高句麗土地劃歸唐朝。

唐朝在與新羅聯合消滅百濟和高句麗後，卻立即撕毀了先前與新羅間的祕密協議，企圖獨占百濟和高句麗的領土，甚至還想占領新羅；所以，新羅再次展開了近十年的反唐運動。自大唐來的遠征軍被趕出了這片土地，並逐漸將大唐的勢力一點點趕出了朝鮮半島，最終收復了平壤地區，建立了一個統一的新羅。

西元六八一年，文武王卒，太子政明立，是為神文王，唐使來冊封。

新羅對朝鮮半島的統一，使新羅君主財富增加、威望提高。在統一朝鮮半島期間，新羅成功地鎮壓了幾起貴族反叛，清除了對其中央集權最具威脅的貴族勢力。統一後的新羅開始進行官僚制度的改革，之後進入鼎盛時期，農業、商業、手工業、藝術、教育、宗教等都蓬勃發展，同中國、日本等國家的貿易、文化往來十分密切。

生活在這片土地上的百姓終於迎來了和平。

一晃眼，十幾年過去了。

大唐垂拱二年（新羅神文王六年，西元六八六年），在一個叫做「穴寺」的小寺院裡，元曉大師圓寂了，這一年他七十歲。一條巨龍，悄然地消失在歷史的洪流之中。

對於元曉來說，穴寺是非常重要的一個地方，在他的碑文中曾出現過四次；不過，這所寺院的具體位置則難以確認。據《三國遺事》記載，穴寺在薛聰家附近；考量到薛聰應該居住在都城內，所以推測穴寺應該在都城近郊。

聽到這個消息的義湘，從太白山浮石寺趕來送老朋友最後一程。看著逝去的元曉，義湘心裡再次浮現出兩人年輕時兩次結伴同行入唐求法的種種經歷；回首往事，唏噓不已。

那時，元曉的兒子薛聰才二十出頭，初次經歷親人的故去；羸弱的身軀之下，內心也是無比的悲傷。但是，他還得故作堅強，因為母親瑤石公主還需要他的照顧。

人們常說，有了信仰就會變得堅強，其實不然。信仰作為理性構建的某種基石，其凝結受到先天稟賦的局限，被後天教育所決定；人信仰的對象，決定了其信奉的理念是否堅定、相應的價值觀是否合適，也決定了我們是否會脆弱。人確實存在著理性迷失了構建自身之信仰所導致的一種認知失調的狀態——亦即迷信狀態，這種狀態會使人脆弱。

其實，這時就要回頭想想，我們為什麼需要信仰？為什麼學佛？中國佛教的祖師們非常重視學佛的目的；他們都認為，學佛就是證得某種精神境界，藉由學佛而達到精神乃至身心皆得解脫自在，進而悲智雙運，自覺、覺他，學佛才算達致某個階段的成就。古代有一位道明禪師（西元五八六至六九二年），曾經說過一句非常經典的話：

大事未明，如喪考妣；

大事已明，亦如喪考妣。

道明禪師指點世人：生死大事未明，就如同死去父母一樣難受，不敢有絲毫懈怠，應發勇猛精進心，參悟解脫生死；但是，一旦參透生死大事，也如同失去父母一般。這是因為，參透生死者，即破除了對假我的執著，進入真我境界，過著稱性逍遙的自適生活，蕩蕩然無所依傍，無所牽掛障礙，已不在生死之中打轉。對一般人來說，想要達到道明禪師所說的境界，絕非易事。

為了緬懷聖者，一般人通過其他的方式寄託自己的哀思，那就是為高僧們著書立傳；而且，這些高僧的圓寂故事大都富有傳奇色彩。

極具代表性的當屬中國禪宗初祖達摩禪師。據說，達摩大師在少林寺面壁九年，終於找到了傳法弟子。之後，他將自己的袈裟、法器都傳給了自己的弟子，便離開了少林寺，開始自己的西歸之路。想不到，達摩於途中突發疾病，於千聖寺中坐化。人們得知達摩圓寂的消息後，都十分惋惜。

當時有一個叫宋雲的大臣奉命出使西域，並且一去數年，所以對於達摩大師圓寂的消息一無所知。宋雲完成了出使之後，踏上了歸途。某日，在蔥嶺上，宋雲看見一個出家人遠遠走來，走近一看竟是達摩禪師。宋雲本是信佛之人，所以對達摩十分恭敬。宋雲與達摩法師暢談了很久，離別之際，達摩對宋雲說：「不要將遇見我的事情傳出去，不然你定會有牢獄之災。」

然而，宋雲並沒有將達摩的話放在心上，因為他根本不知道達摩大師已經圓寂了。舟車勞頓之後，宋雲一行返回朝中，他向魏孝靜帝說出了自己偶遇達摩禪法師一事；魏孝靜帝出於對達摩法師的尊敬，十分生氣，因為他知道達摩法師已經圓寂的消息，一怒之下便將宋雲給關起來，宋雲不免一頭霧水。他入獄後才得知達摩禪師已經圓寂並且葬於熊耳山之事；他不禁疑惑，因為自己明明親眼見到了達摩禪師，並且還和他交談了許久，禪師還預言自己的牢獄之災。此事一直困惑著宋雲，在牢中可說是度日如年。

後來，魏孝靜帝一想，因為這點小事就將宋雲關起來，實在有些說不過去，便叫人放了宋雲。不過，魏孝靜帝也十分困惑，便又將宋雲喚來詢問；於是，宋雲將自己返程時遇到達摩大師的經歷一五一十地告訴魏孝靜帝。此事傳了出來，後來就有人打開了熊耳山達摩禪師的墳墓，發現裡面只有一雙草鞋。

新羅高僧的圓寂也不一般。真平王時代的高僧惠宿，圓寂後埋葬在京城東郊山麓，卻有人之後還看到他在西郊山麓悠閒地散步。

或許，有如這些故事背後所欲傳達的情感一般，人們不捨元曉這位明師的離去。正所謂「名師易找，明師難尋」。古訓曰：「為人師者可分三品：上士以道示人，中士以德示人，下士以術示人。」上士之師，崇尚大道，法理分明，引人向道，此乃真正的明師。中士之師，崇尚德行，苦口婆心，引人向善，不失為啟蒙之師。下士之師，崇尚小術，嘩眾取寵，引人向惡，誤人害己不能為師。明師如明燈，只有找到真正的明師才能走出黑暗。

《善生經》中有這麼一個故事：有一天早上，釋迦牟尼佛在王舍城看到一個年輕人於沐浴之後向東西南北上下六方禮拜。這個年輕人是當地一位長者的兒子，名字叫善生。釋迦牟尼佛就問善生在做什麼？善生很恭敬地答道，他的父親去世時叮囑他要每天禮拜六方，如此就能夠得到幸福。佛陀說，這六方確實應該禮拜；我的教法中也有六方，但我的六方跟你所禮拜的六方不太一樣。於是，善生就請教世尊是如何禮拜六方？

對於善生童子拜的「六方」，佛陀以佛法的智慧做了不同的定義：

佛告善生，當知六方。云何為六方？父母為東方，師長為南方，妻婦為西方，親黨為北方，童僕為下方，沙門、婆羅門諸高行者為上方。

佛陀將「六方」解釋為一般人在日常生活中所要面對的六種關係，這六種關係中便包含著一個人所應盡的責任與義務。一個人在重重的關係網中生活，重重的關係網就意味著重重的責任和義務；如果我們能定好位，我們的人生才會幸福和喜樂。在此基礎上再發起出離心和菩提心，進一步修戒定慧、修六度四攝，精進修習，就能圓滿究竟的佛果。如果沒有以人道為基礎，出離心、菩提心和佛果就沒有希望。

一代明師元曉圓寂的消息被告知六方，此即「六方告滅」。

新羅的王公貴族們，想起曾經來到宮中講經的那位法師才子；

新羅大小寺院的僧人們，想起了那個曾被他們瞧不起的破戒僧；

新羅的平民百姓們，想起了那個在街頭手舞足蹈的瘋癲居士；

義湘想起了求道路上那個壯志未酬的少年郎；

瑤石公主想起了她文靜慈悲的夫婿；

薛聰想起了他嚴格卻又灑脫的父親……

每一個與元曉接觸過的人，都回想起過去的種種；元曉在每個人的心裡，都留下一抹光明。

點點光明，滅除黑暗；星星之火，必將燎原。

民族脊梁

元曉的道友義湘入唐求法歸來之後，一直致力於培養弟子和修建寺院，為了弘揚華嚴而努力；相較之下，元曉的行踪就顯得尤為神祕。

縱觀元曉一生，不僅頗具傳奇色彩，而且著述豐贍，幾乎對當時所有佛教宗派的經典均有涉獵；這些作品對韓國、日本乃至中國佛教，都產生了廣泛而深遠的影響。

作為一名高僧，元曉在東亞文化圈的歷史傳記中留下了諸多記載。不過，歷史傳記既是史學體裁、又是文學作品，歷史事實與文學想像、宗教信仰交織在一起，常使傳主形象千變萬化；在涉及不同國家、不同民族之時，這種現象更為明顯。

元曉的身分不但符合上述各種條件，而且本身就具有多元的歷史性格；因此，其形象建構在橫（差異）、縱（變異）兩個維度上都具有鮮明的特徵。

自古以來，中國和朝鮮半島歷代高僧的碑銘多由文人士大夫撰寫；他們長期受儒家文化的浸潤，認為傳記來源於「經傳」，其作用與經典一樣，用於規範人倫，傳記因此被賦予了「教化」的作用與意義。此外，儒者在文藝思想上奉「文以載道，文以傳道」為圭臬；所以，傳記中的僧人多被塑造成「傳道者」的形象。如〈誓幢和上塔碑〉：

設欲抽法界，括相印，登法空座，作傳燈之口，再轉法輪者，誰其能之？則我誓幢和上。

此種書寫模式，其目的是將佛教作為「有益王化」的補充；期望通過對聖賢理想人物的建構，以教化世人，從而鞏固世俗王權。〈誓幢和上塔碑〉將此目的毫不掩飾地表述出來：「匡國匡家，允文允武」。所以，有助於教化才是傳記作者的最終目的，元曉的身分在碑銘中倒不是最重要的因素了；正因如此，碑文中並沒有掩飾元曉還俗的史實。在這裡，宣傳世俗教化意義的重要性，遠在維護宗教的超越性與神聖性之上。

雖然後代在紀念元曉的碑文中提到他有九個出色的弟子，個個都是法門龍象，可以獨當一面；但是，史料中連這些人的名字都沒有留下記載，更別說什麼具體的教化過程了。

不過，從另一方面來看，新羅的憬興、道倫、玄隆、太賢、見登、表員等高僧也都受到元曉的佛教思想影響，雖然他們之間並沒有直接的交流。

到了高麗時代（西元九一八至一三九二年），對元曉的崇敬又得到了進一步擴大、提升；人們尊稱他為聖人，並追贈國師封號，在全國各地的寺院供奉畫像。

元曉的佛教思想可以歸結為「和諍」，其代表之作是《十門和諍論》。高麗文人金富軾（西元一〇七五至一一五一年）撰寫了《和諍國師影贊》來紀念這位高僧：

恢恢一道，落落其音。機聞自異，大小淺深。如三舟月，如萬竅風。至人大鑑，即異而同。瑜伽名相，方廣圓融。自我觀之，無往不通。百川共海，萬像一天。廣矣大矣，莫得名焉。

高麗時代除了供奉元曉畫像，甚至還出現了一個海東宗（也稱芬皇宗），繼承並闡明元曉的思想。海東宗以王倫寺為中心；這座寺院是高麗太祖即位第二年後創建的十大寺院之一，屬皇家寺院。由此可知，當時佛教界對於元曉的追思和崇敬。

元曉在這個時代被尊稱為大聖、聖師、曉聖；高麗時代的僧人均如、義天、知訥、了世、普幻等人，更是深受元曉佛教思想的影響。一然在其編撰的《三國遺事》中，還特別以〈元曉不羈〉為題，來描述他灑脫無礙的一生。

在崇儒抑佛的朝鮮時代（西元一三九二至一八九七年），元曉沒有被遺忘；對於那個時代的普通百姓來講，元曉在他們心中就是神僧般的存在。遺憾的是，因為元曉的著作大部分散失，留下的寥寥無幾，之後的出家人對其思想的研究也就無法再深入，繼而就失去了興趣。

元曉的足跡曾遍布朝鮮半島南北，在當時的金剛山、妙香山、北漢山、逍遙山、無等山、千聖山等地都有不少與之有關的寺院；後來，這些寺院都供奉了元曉的畫像，以示尊重。

高麗僧人一然所撰《三國遺事》，雖然一直被作為史書看待，但內容多異說怪談，更類似於中國的筆記小說。從一然的敘述中，我們可以感受到，他對元曉不守戒律的行為持贊賞態度，至少並不排斥和反對。生活在高麗時代的一然，必受時代風氣所影響，其稱揚風流人世、以居士面目教化世人的元曉，應該與自身所處的時代背景有著密切關係。

中國文獻中對於元曉的記載，以宋代贊寧所撰《宋高僧傳・唐新羅國黃龍寺元曉傳》最為詳備。贊寧將元曉置於「義解篇」，且傳文中著力描寫其「勇擊義圍，雄橫文陣」，明顯是將其定位為「義學僧」。雖然傳中用了很大篇幅描寫新羅使者於龍宮中得《金剛三昧經》的神異傳說，但此神異與元曉無關；

贊寧所要突顯的，仍然是元曉的義解之能，元曉的形象始終是與傳統佛教聯繫在一起的。不僅如此，書中還掩蓋了元曉還俗的史實。作為律宗僧人，贊寧必然對元曉「任意隨機，都無定檢」的行為有所不滿，但其他方面對元曉還是認同的；其深層目的，當為維護佛教作為一門宗教的超越性與神聖性。

這些傳記的作者們分別從文化和宗派出發，對元曉作出描述與評斷。同一群體內對元曉的認同是較為相似的，而不同群體的認知則有較大差異；儒家文化群重視元曉的教化意義而選擇弱化其宗教身分，佛教文化群則突顯其宗教和宗派特點，民族與國別的差異從未被特別重視。這或可說明一點，亦即對古代東亞佛教來說，文化認同的重要性，要高於民族與地域認同。

在向現代社會轉型的過程中，東亞的政治格局發生了巨大變化。在內部，日本經過改革後一躍成為強國，在東亞取代了中國的中心地位，朝鮮和中國則淪為了殖民地與半殖民地。在外部，西方國家的資本主義市場體系不斷衝擊著傳統的封貢體系。在這種背景下，東亞國家間的宗藩關係演變為對等的條約關係，各國的民族意識進一步發展。此外，由於西方列強要求明確自己的勢力範圍，現代地圖因而取代了傳統的界碑，各國邊界逐漸清晰，主權國家的觀念開始形成。為適應此種局面，東亞佛教在思想與組織上亦在不斷重新整合。

中國佛教經過幾代人的探索，走上了「人間佛教」的改革路線。日本佛教在戰時一度淪為軍國主義的幫凶，近代則走向世俗化。朝鮮半島的佛教，則出現了韓龍雲的佛教改革，以及朴重彬的圓佛教等新興佛教團體。韓國佛教的近世改革有一個共同特點，即著力鼓舞本民族的主體意識，以實現佛教獨立和救亡圖存為目的。

在上述背景下，各國學者對元曉的認知方式出現了新的特點，即以民族意識取代文化立場，成為重塑元曉形象的理解前提。這段時期，中日兩國關於元曉的專門研究並不多；相較於中日學者研究本國佛教的熱情，恰恰說明了族別和國別在當今佛教研究上造成的隔閡。至於朝鮮半島上對元曉的研究與關注，卻出現了井噴狀態。

上世紀初，朝鮮半島面對日本的殖民統治，又產生了民族危機；這時的元曉被大眾重新認識，再一次強調他的偉大，並被認為喚醒了更多人的民族自尊心。

張道斌（西元一八八八至一九六三年）在一九一七年出版了《偉人元曉》一書，用意在於喚醒沉睡的民族魂。張道斌在書中寫道：「元曉是東方的曙星，他的光明照亮千年的黑暗；元曉是東方的天籟，他的聲音震撼沉睡的你我；元曉是東方的旗幟，指引我們前進的方向。」他認為元曉是韓國歷史上傑出的偉人，是大宗教家、大學者、大善知識，遂號召眾人學習元曉，藉以找回民族自尊。

崔南善（西元一八九〇至一九五七年）於一九三〇年七月在夏威夷舉行的泛太平洋佛教大會上提交了一篇長文〈朝鮮佛教在東方文化思想中的位置〉，文中單獨列出了「元曉，精通佛教的建設者」一節，來探討元曉思想的偉大之處。他指出：「相較於印度佛教的理論性、中國佛教的格義性，韓國佛教的特點是統合性，而新羅元曉就是一個集大成者；因他的存在，韓半島有了光明，這一道光明甚至對於整個東亞地區的佛教也有著極其重要的意義。」

據學者歸納，其時對元曉形象的認識，大體有三種：（一）朝鮮民族的英雄偉人；（二）朝鮮佛教的啟蒙者和指導者；（三）精通佛教的象徵人物。這三種認知雖然各有側重，但有一個共同特點，即以朝鮮民族精神為中心。

元曉的經歷，符合當時學者們的一切心理期待：他是本民族佛教的開拓者，沒有入唐求法之經歷，一切皆由自己證悟；同時著作等身，在中日兩國擁有卓著聲譽。此種形象，恰好可以用來提升民族自尊心和自信心。

綜合以上論述，不管從共時性還是歷時性來看，元曉的形象都是多層次、多側面的。主要有內外兩方面的原因：內在原因是，元曉在思想和著述上的多元性，如同重巒疊嶂，後人由於角度不同，所見各異；外在原因則是，認知參照系逐漸由文化轉變成民族與國家。

古朝鮮半島的國家雖然名義上與中國有宗屬關係，但這種封貢關係是較為鬆散的，半島國家在各方面均有很強的獨立性，其對中國的政治、經濟、宗教等採取主動學習和接納的態度，國家間以友好往來為主，並沒有專制與壓迫。在此情況下，民族與國家意識並不明顯。

至於近代，半島被日本全面占領，淪為殖民地，經濟、政治甚至宗教都被異族操控，故半島人民的民族情緒高漲；學者對元曉的認識體現出強烈的本土主義價值觀傾向，亦是這種民族情緒的反映。

通讀元曉的傳記與著作，我們發現其中並無國別、民族的區分意識；然而，近代韓國卻從主體意識出發，將元曉塑造成民族英雄與國家聖人，使之成為打破傳統文化、樹立民族精神的標竿與旗幟。

綜合以上因素，千年以來，元曉大師在韓國受歡迎的程度，有如「觀世音菩薩」一般地普遍；在韓國，詢問一般民眾韓國歷史上的高僧有哪些人時，人們首先想起的都會是元曉。元曉作為韓國佛教歷史上的代表性人物，無人能出其右。

時至今日，不論是韓國的出家眾還是在家眾、一般人或是專家學者，都稱頌追慕之。

原因無他，只因元曉大師以一生歲月奉獻佛教，關懷民眾，有以致之耳！

和諍國師

元曉的教化方式突破了新羅當時的宗教認知形態。他深入經藏，研究教理，其一生著述百餘部，二百四十餘卷，無論質還是量，均受後人所推崇。作品內容含括大、小二乘：華嚴、般若、唯識、法華，乃至淨土、戒律等，無所不包，貫通了經、律、論三藏。

元曉的思想重心在於「和會」與「和諍」——會通諸宗風，和諍諸宗門，把全部佛教「和會歸一」，不偏某一宗、某一派，或受一經一論的拘束。如此總攝一佛乘的思想，於其著述中可以明白得見。

如《涅槃經宗要》裡說：「統眾典之部分，歸萬流之一味，開佛意之至公，和百家之異諍。」《法華經宗要》說：「三世諸佛初成佛時，直至涅槃，為成就一切法門，達一切智地，一言一句皆為一佛乘。」《金剛三昧經論》中則提到：「如來所說一切教法，無不令人入一味覺故，皆從如來一味之說，無不終歸一心之源，故言一念即是一乘。」

如此宏闊、融和的思想是當時所未曾見的。

在韓國佛教歷史上，首先認識到元曉之偉大的，應該是高麗時代的大覺國師義天（西元一〇五五至一一〇一年）。（註一）

元曉曾居住在芬皇寺並編撰了《華嚴經疏》；圓寂後，寺院特別塑造並供奉元曉的畫像以示尊敬。若干年後的一天，從首都慶州前來參拜的義天，無比激動地跪倒在元曉像前，懷著崇敬的心情寫下了一篇〈祭芬皇寺曉聖文〉：

維年月日，求法沙門某，謹以茶菓時食之尊，致供於海東道主元曉菩薩。伏以理由教現，道藉人弘；逮俗薄而時澆，乃人離而道喪。師既各封其宗習，資亦互執其見聞。至如慈恩百本之談，唯拘名相；台嶺九旬之說，但尚理觀。

雖云取則之文，未曰通方之訓。唯我海東菩薩，融明性相，隱括古今，和百家異諍之端，得一代至公之論。而況神通不測，妙用難思；塵雖同而不汙其真，光雖和而不渝其體。令名所以振華梵，慈化所以被幽明；其在贊揚，固難擬議。某資天幸，早慕佛乘，歷觀先哲之閒，無出聖師之右。痛微言之紕繆，惜至道之陵夷；遠訪名山，遐求墜典。今者雞林古寺，幸瞻如在之容；鷲嶺舊峯，似值當初之會。聊憑薄供，敢敘微誠，仰冀厚慈，俯垂明鑒。

尊崇元曉的義天，在《新編諸宗教藏總錄》中收錄了元曉編撰的四十四部、共八十七冊的著作；他還把元曉的《楞伽經疏》帶到宋朝送給元照律師，並表示，如果要講解《楞伽經》，參考這卷疏鈔會有幫助。

這是有據可查、將元曉著作向海東之外傳播的例證之一。義天甚至認為元曉可比肩印度龍樹和馬鳴菩薩，足見他對元曉的崇敬之情。

高麗肅宗六年（西元一一〇一年）八月，義天病危之際，肅宗親臨慰問，義天稱：「我志在中興佛教，今雖塵緣已盡，但死而無憾。」

幾日後，肅宗下令追封元曉為「和諍國師」。一方面是為了安撫重病的義天；另一方面，肅宗本人想必是看到義天對元曉的尊崇，也受到了影響。

兩塊石碑

關於元曉生平的文獻，有新羅時期的〈高仙寺誓幢和上塔碑〉、高麗時期的〈芬皇寺和諍國師碑〉、宋贊寧編撰的《宋高僧傳．元曉傳》以及高麗一然所著的《三國遺事．元曉不羈條》等。此外，還有其他一些資料也記錄了元曉的言行，收錄在韓國學者金煐泰先生注釋的《元曉研究史料總錄》中；此書遺漏的部分，則被金相鉉先生補充收入在其著作《元曉研究》一書中。

〈高仙寺誓幢和上塔碑〉現存四個殘片，分屬碑的上下兩部分。上部為一個片，藏於韓國東國大學博物館；下部為三片，藏於韓國國立博物館。

在有關元曉的相關文獻中，〈高仙寺誓幢和上塔碑〉是元曉傳記當中時間最早，距元曉圓寂的時間最為接近、也最可靠的資料。此碑雖上部大部分缺失，僅留「初無適莫，慈迎如影隨形。良由能感之心，故所應之理必然」一句。

碑文中說，誓幢和上（即元曉）出生在佛地村，但具體時間不詳；不過，明確指出其圓寂之日：「垂拱二年三月卅日終於穴寺，春秋七十也。」垂拱（西元六八五至六八八年）是唐睿宗李旦的年號，垂拱二年是公元六八六年，由此向前推七十年即是公元六一七年，就是元曉出生的年份。

元曉圓寂後，遺骨曾暫存於穴寺西面山峰上的一個臨時的龕室中；不過，因碑殘缺，所以不知最終葬於何處。唐德宗貞元年中（西元七八五至八〇五年），奉德寺的大德法師造「大師居士之形」，「睹像觀形，誠心頂禮，然後講贊。」受其所感，角幹金彥升請一位出家人作文並立碑。據此可以推測此碑應建於貞元年間。現存的碑文中提到元曉「還為居士」，但並未言及元曉緣何成為居士。碑文用了一定的篇幅介紹元曉的《十門和諍論》和《花（華）嚴宗要》等著述。

有關元曉的另一塊石碑是〈芬皇寺和諍國師碑〉，立於高麗時期。朝鮮時代李俁編撰的《大東金石書》（西元一六六八年）中收錄了此碑殘片的拓本，有十三行文字，文字最多處是十個字；其中約一半文字說的是元曉之著作，可辨識出的只有《瑜伽師地論》十卷和《百論宗要》一卷。

除這一拓本外，此碑的一小塊殘片於一九七六年一月在慶州芬皇寺遺址被發現。芬皇寺殘片所載文字四行，共十二個字，也是元曉的著作名稱，同樣也殘缺不全。《新增東國輿地勝覽》指出，此碑的撰寫者乃是高麗平章事韓文俊（生年不詳，卒於西元一一九〇年）。書中說：「芬皇寺在府東五里，善德王三年建。有高麗平章事韓文俊所撰和諍國師碑，乃烏金石也。」《大東金石書》也說此碑文是韓文俊所撰，崔詵書寫。

不過，〈崔惟清墓志銘〉說崔惟清「又奉宣撰海東先覺國師、芬皇和諍國師、□□（缺字）圓應國師三碑銘，文義俱美。」另據《高麗史．卷十一》肅宗六年八月條：「詔曰，元曉、義相（湘），東方聖人也。無碑記謚號，厥德不暴。朕甚悼之，贈元曉大聖和靜國師，義相大聖圓教國師。有司即所住處立石，紀德以垂無窮。」

高麗肅宗六年是西元一一〇一年，此時崔惟清年僅六歲，由此可見，肅宗時所立之碑與他無關。從時間上來說，〈崔惟清墓志銘〉為西元一一七四年所寫，比《高麗史》（一四五一年）、《新增東國輿地勝覽》（一五三〇年）和《大東金石書》（一六六八年）的完成早幾百年的時間，應最為可信。但從《新增東國輿地勝覽》和《大東金石書》的文意上來看，編者似乎又都見到了此碑的全貌。總之，由於現在此碑已殘缺不全，所以無從證明此碑文的真正撰寫者到底是崔惟清還是韓文俊。

不管碑文的撰寫者是誰，碑文所表彰的主角才是最重要的。在元曉的一生中，入唐途中悟道和捨戒還俗是兩個關鍵的轉折點。

對「三界唯心，萬法唯識」的覺悟，使元曉用「一心」來會通佛教諸宗異說，建立起自己的和諍思想體系。

因捨戒還俗、娶妻生子，讓他飽受譏諷；然而，這也使他更加深入地體會到一個普通人的煩惱，同時知道這些人其實更需要佛陀的教導，更需要有人發心拯救他們。元曉始終相信，無論高低貴賤，只要相信佛法、相信自己也能夠成佛，並為此不懈地努力修行，就會獲得最終的解脫。

終其一生，元曉都在實踐大乘佛教的菩薩行，其影響彌足深遠。

海東獅吼

元曉一生可以確認的著作大概有八十多部、兩百多卷，現存僅有二十部、二十三卷，其餘已佚失。元曉的著作散見於東亞，特別是對中國和日本的佛教發展產生了一定的影響。

元曉有很多著作也傳到了大唐，比如《十門和諍論》、《金剛三昧經論》、《華嚴經疏》等。其中，《金剛三昧經論》是對《金剛三昧經》的注釋；在編撰這本注釋書之前，尚無人論及該經。《宋高僧傳．卷四》的〈元曉傳〉寫道，元曉起初把這部注釋書稱為《金剛三昧經疏》；但唐朝的譯經高僧們提議把「疏」改稱為「論」後，提高了這部書的整體價值。

《金剛三昧經》（註二）包羅了從中國南北朝時代到唐初時期中國佛教所提出過的空、華嚴等思想，以及在家佛教等各類教理，混雜在一起；如不依靠元曉的《論》，這部經文艱澀難懂。此外，在整個東亞佛教歷史上，注釋書以「論」為題名者，僅此一部。

此外，元曉的《華嚴經疏》也受到法藏、澄觀、李通玄等多位華嚴學者的關注；元曉的華嚴思想對法藏有很大的啟發，故也可將元曉視為是唐代華嚴的集大成者。當時，多以「海東」或「海東法師」來稱呼元曉。

眾所周知，清涼澄觀（西元七三七至八三八年）是中國唐代華嚴宗祖師，被後世尊為中國華嚴宗的第四祖。在中國華嚴思想發展史上，澄觀上承三祖法藏（西元六四三至七一二年），下啟五祖宗密（西元七八〇至八四一年）。由於其「生歷九朝，為七帝師」的傳奇經歷，澄觀對於中國華嚴思想的傳播和發展方面的貢獻，得到佛教界的普遍尊重。

青年時代，澄觀就廣泛學習了佛教的大、小乘經論，對儒家、道家等典籍也廣泛涉獵。他還批判地吸收了當時流行的天台宗、禪宗、唯識宗等宗派的思想，從而構築了融通內外學及大小乘的華嚴思想體系。也就是說，澄觀的華嚴思想體系，是在對前代和同時代的諸多思想進行繼承與批判的基礎上形成的。這一點，我們從其代表作《華嚴經疏》和《演義鈔》中對諸高僧思想的大量引用中可以窺見一斑。

值得注意的是，澄觀在其著作中有多處對元曉著作的引用。從這些引用可知，澄觀對元曉的《起信論疏》、《楞伽經宗要》（或《楞伽經疏》）和《金剛三昧經論》等著作極為熟稔，並對元曉的立論持贊賞和肯定態度；藉由引用，或將其作為自己思想展開的契機，或以此佐證自己的觀點。可以說，元曉的思想，是澄觀構築其華嚴思想體系過程中所參考和吸收的重要思想要素。

到了宋代，仍可見元曉對中國佛教的影響。五代之永明延壽禪師（西元九〇四至九七五年）在《宗鏡錄》中，特別收錄了元曉的悟道故事，並稱其乃大徹大悟者。在北宋知禮（西元九六〇至一〇二八年）、子璿（西元九六五至一〇三八年）等人的著作中，依然可以看到「海東」的字樣。贊寧（西元九一九至一〇〇二年）在他編撰的《宋高僧傳》中，也收錄了元曉的傳記，將其刻畫成為一位卓越的高僧；並以「萬人之敵」，稱讚元曉是個出神入化之人。

除此之外，元曉對日本佛教也具有頗深之影響，其歷史可以追溯到八世紀初。新羅惠恭王十五年（西元七七九年），元曉的玄孫薛仲業曾作為使臣出訪過日本，他當時的官等是十等之韓奈麻。一行數人於當年十月前往日本，次年正月初二拜訪天皇，二月十五日啟程回國。其在日本逗留期間，有人提及對元曉的崇敬，《三國史記》中對此有特別的記載：

「傳日本國真人，贈新羅使薛判官詩序云，嘗覽元曉居士所著《金剛三昧論》，深恨不見其人。聞新羅國使薛即是居士之抱孫，雖不見其祖，而喜遇其孫，乃作詩贈之。」

整首詩沒能傳承至今，我們無法得知詩文的具體內容；不過，根據這則記載來看，應是贊歎元曉及其著作。

奈良時代（西元七一〇至七八九年）抄寫的元曉的著作多達四十七種；到了後世，元曉的名字更是頻繁地出現於諸多文獻中，並被尊稱為丘龍大師、海東法師、元曉菩薩、元曉聖師、陳那菩薩後身等。十二世紀流通的《元曉和尚緣起》中，濟暹（西元一〇二五至一一一五年）便稱元曉是「陳那菩薩後身」。風潭（西元一六五七至一七三八年）於一七〇七年編撰了《華嚴五教章匡真鈔》，於書中尊稱元曉為「曉聖」。時至今日，將一位外國僧人尊為聖人的情況仍屬少見。

鎌倉時代（西元一一九二至一三三三年），日本華嚴宗的明惠（西元一一七三至一二三二年）是中興日本華嚴宗的高僧，對海東的兩位高僧元曉和義湘非常尊崇。在他四十六歲時，曾講解了元曉的《菩薩戒本持犯要記》，還撰寫了《華嚴緣起》六卷，講述元曉和義湘的生平；此書被列為日本國寶而受到珍藏。十八世紀中葉的京都高山寺，還供奉有兩位高僧的畫像，尊稱他們為「大明神」。

東大寺的凝然也是一位多產的高僧，撰寫了有關華嚴、天台、真言、三論、法相、成實、淨土等方面共一百二十五部、一千二百多卷的著作；編寫的過程中，他同樣參考了大量的元曉著作。在他編撰的《華嚴宗經論章疏目錄》中，共收錄了新羅和高麗僧人共三十五部著作，包括元曉的二十七部、四十六卷著作；相較於收錄其中的唐代法藏的二十七部和澄觀的十六部著作，可見元曉著作所占之比重。

時至今日，作為朝鮮半島新羅時期的著名學僧，元曉的佛學思想不僅對韓國佛教、乃至對整個韓國傳統文化都有著深遠影響；同時，也對中國和日本佛教也具有重要貢獻。其代表作《金剛三昧經論》和《大乘起信論疏》，至今仍享譽中韓日三國佛教界。

因為元曉的存在，使韓國佛教在東亞佛教史上具有非常重要的地位。元曉之後，再無元曉。

【註釋】

註一：義天為高麗時代具代表性的高僧，與智訥並稱為高麗佛教「雙璧」。俗性王，名煦，字義天；因避宋哲宗皇帝諱，以字行。

其父為高麗文宗王徽，母仁睿順德王后李氏。至十一歲，有出世志，遂從父願，出家為僧，為國作福田利益。仁睿王后以孕時夢貴，本意並不想讓義天出家為僧；但見業已受君命，亦無可奈何。是年五月，文宗詔王師爛圓為義天祝髮，並令隨師出居靈通寺。十月，就佛日寺戒壇受具。

義天出家後，一直隨侍爛圓，習華嚴學。

文宗三十年（西元一〇七六年），景德王師爛圓歸寂，義天繼承其華嚴學講席，獨力擔負起弘法之重任。次年，正式開講貞元新譯《華嚴經》；自後，講宣未有一日廢。文宗末年，義天開始與宋朝杭州高僧淨源取得聯繫，萌生入宋游學之願望，並終於在宣宗二年（西元一〇八五年）四月至次年五月付諸實現。

義天的入宋求法，遊學足跡及於山東、江蘇、安徽、河南、浙江五省，路途遙遠但收穫甚豐，攜佛典經書一千多卷歸國。奏請於興王寺設置「教藏主監」，把從中國和日本購入的大量佛典，以及收集的朝鮮半島歷代名僧——包括元曉、義湘、大賢、圓測、諦觀等人——的著作共達四千七百四十多卷，逐一進行註釋、校對、補遺和整理刊印。

義天求法還國後，奉國王命任興王寺住持，同時與在宋時結識的善知識保持密切聯繫，互有書信往來，繼續交流佛教諸宗章疏典籍。肅宗五年，義天積勞成疾，仍講學不輟。次年十月五日，義天右脅而化，世壽四十七，僧臘三十六。肅宗賜謚「大覺」之號，冊封為國師。

義天著書頗多。但只存《大覺國師文集》二十三卷、《大覺國師外集》

十三卷、《圓宗文類》及《新編諸宗教藏總錄》三卷等。

註二：《金剛三昧經》，梵語 Vajra-samādhi。此經是佛陀在四十九年說法中對於宣講三十年之「般若」的概述。佛陀在世間生命最黃金階段裡，花費了大量精力宣講般若智慧，可謂用心良苦；也由此可見，在佛法中，智慧是到達彼岸的唯一鑰匙。

本經闡釋法空、佛性、如來藏等中國佛教於南北朝時期探討的概念，計分八品。經中涉及佛的根本智，是層次較深的理念，是與菩薩和大阿羅漢的對話，可以說是所有般若類經典的總綱。空性、無相、不可得、不可說、不思議，這些是般若經典的核心，也是佛法智慧的核心。本經卷末提到，若能悟到佛的智慧，一切法平等、一切法無我無別的境界，一切就回到了空寂的狀態。

不過，因現存經本的內容提到「本覺」、「如來藏」、「庵摩羅」、「如來禪」、「九識」等概念，佛教學者多據此斷定本經為後代偽作。

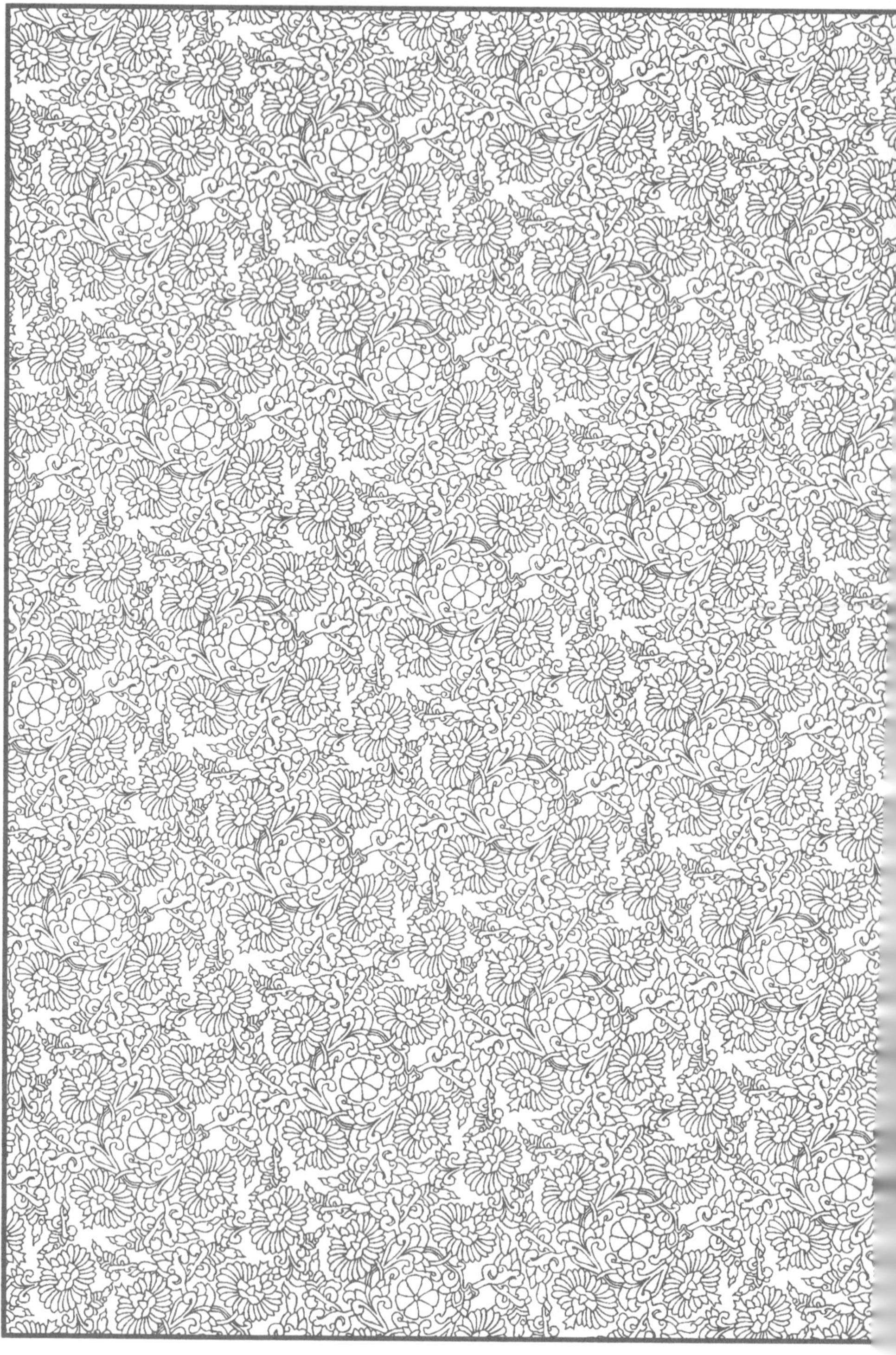

影響

壹・學問無止境

勇擊義圍，雄橫文陣，仡仡然，桓桓然，進無前卻。蓋三學之淹通，彼土謂為萬人之敵，精義入神為若此也。

元曉以居士的身分在街頭教化大眾，大概是他四十歲左右的事；在此之前，他一直為了充實自己的修行和學問而努力，為了通達大道而醉心於探求隱微之理。元曉一方面為了教化大眾而傾注了大量時間走街串巷；另一方面，也在爭分奪秒地寫書立傳，留下他對佛陀教法的思考，這從他留下的大量著作可以看到。

參究「佛家之富貴」

據記載，元曉曾在山水間坐禪，亦曾有十日的短暫閉關；此外，更留下了大量著作。短短數十載光陰，他是如何做到的？《宋高僧傳》中云：

勇擊義圍，雄横文陣，仡仡然，桓桓然，進無前卻。蓋三學之淹通，彼土謂為萬人之敵，精義入神為若此也。

贊寧稱贊新羅元曉為「萬人之敵」，指其長於佛法，猶如將軍一般，善於統帥軍隊並可抵禦眾敵。

其實，從某種意義上來說，稱其為「萬人之敵」毫不為過。因為，在一千六百多年的韓國佛教歷史上，元曉可說是最高峰，無一後人能夠超越他。元曉而立之年時，佛教正式傳入新羅已有百年之久。與初傳時期不同的是，那時的新羅正在努力進行佛教本土化的過程；這一時期，入唐求法僧擔綱了重要的角色。

佛教傳入朝鮮半島是在高句麗、百濟、新羅之三國時代，進入三國的的路線各有不同。地理位置與中國最近的高句麗最先接觸到佛教；在前秦建元八年

（西元三七二年，高句麗小獸林王二年），前秦苻堅派僧侶順道帶來了佛像和經典。百濟是在比高句麗晚十二年的東晉太元九年（西元三八四年，百濟枕流王元年），由西域僧侶摩羅難陀經東晉傳入。新羅的王室雖然願意接受佛教，但因為貴族勢力的反對，導致佛教的傳布一直被排斥，直到新羅法興王統治時代（西元五一四至五四〇年在位）方得到認可。

隋唐時期，新羅派遣了眾多求法僧眾渡海西行入唐求法。唐都長安當時流行的各種佛教思想和流派，包括律學、淨土、華嚴、法華、唯識、天台、密宗等各宗派佛典，都藉由這些求法僧眾傳入新羅。

慈藏、圓勝、順憬、義湘、明朗、惠通等高僧，均是當時傑出的入唐代表人物。當然，還有一些沒有入唐求法的高僧，比如惠空、惠宿、大安以及元曉。

這些新羅僧人雖未直接跟隨大唐高僧學習佛教，卻也從入唐求法僧帶回的經典和疏鈔中接觸到當時先進的佛教思想，並在此基礎之上完成了個人佛教思想的構築。

據記載，當時在唐朝翻譯的經典大部分都傳到了新羅，且傳遞速度非常快，有些甚至是才剛翻譯完，便被新羅求法僧帶了回來。

元曉雖然不精通梵語，並不有影響他對佛學的求知欲；畢竟，大唐的譯經師們已經提供了最好的譯本，即使不瞭解梵語的人也根本不成問題。

不同於義湘專攻華嚴、明朗學習密教，元曉的興趣則相對較為廣泛，並沒有局限在特定的領域內，這可說是他佛教思想的一個特點。

因為元曉的性格是直心快語，所以曾經嚴厲地指責過那些品性庸劣、渾噩度日的出家人，並很不客氣地指出一些視野狹隘的佛教學者是坐井觀天。這般的性格加上出眾的學識，反倒成為眾人的眼中釘；當時很多僧人都不願意與他在一起，召開法會也不會邀請這麼一個「不通情理」的人參與。從這一方面來說，元曉是寂寞的。所謂高處不勝寒，「燕雀豈知鴻鵠之志」；但也唯有如此，才能獲得他人無法企及的成就。

鳳凰飛上九霄方知天廣地闊，江川匯入大海才知浩瀚無垠。學人不讀《華嚴》，怎知佛家富貴？明末四大高僧之一的憨山大師曾說：

不讀《楞嚴》，不知修心迷悟之關鍵；不讀《法華》，不知如來救世之苦心；不讀《華嚴》，不知佛家之富貴。

《華嚴》的「富貴」，指的是什麼呢？

《華嚴經》，全稱《大方廣佛華嚴經》，梵文為 buddhâvataṃsaka-sūtra。學術界認為，《華嚴經》的編集經歷了很長的時間，大約在西元二到四世紀，最早流傳自南印度，後傳播到西北印度和中印度。

關於此經，古來傳播的說法是，相傳佛滅度後，此經在印度曾經隱沒；後來龍樹菩薩弘揚大乘，便將它流傳於世，並造出《大不思議論》十萬偈以解釋此經；據說，現行漢譯的《十住毗婆沙論》十六卷，便是該論的一部分，為此經〈十地品〉中「初地、二地」的解說。

在龍樹之後，世親菩薩也依〈十地品〉造出《十地經論》，闡明《華嚴》要義，金剛軍、堅慧、日成、釋慧諸論師又各造出了《十地經論》的解釋（日成、釋慧兩釋現存有藏文譯本）。由此可見，《華嚴經》的部分內容曾在古代印度流行一時；至於整部經文在當時、當地流傳的情形，則記錄得不甚詳盡。

後漢以來，此經的別行本在中國雖陸續譯出不少，但它的傳弘尚不見興盛。直到東晉佛馱跋陀羅的六十卷本譯出後，才受到漢地佛教學人士的重視，傳誦、講習乃至疏釋的情形日漸熱烈。

例如，最初參與《華嚴》譯場的法業，曾親承佛馱跋陀羅的口義而撰成《義記》二卷；之後，劉宋求那跋陀羅亦曾多次講解此經，北齊玄暢更是隨章逐句暢加疏講，北魏勒那摩提也曾弘講；劉謙之精研之，並制《華嚴論》六百卷。菩提流支譯出《十地經論》後，因《地論》的弘通，《華嚴經》更得到相應的發揚。地論師慧光則撰制了此經的《廣疏》和《略疏》（現存一卷），並以此經判為圓教而廣為弘敷。之後，眾人紛紛著疏，南北各地風行講誦，促進了華嚴學的廣泛開展。

此經在隋唐時代盛行一時，遂漸次形成以專弘此經為主的教觀華嚴宗。

首先是在終南山弘通此經的杜順（法號法順），著有《華嚴五教止觀》一卷和《華嚴法界觀門》一卷，以彰此經玄旨而開一宗基礎。

他的弟子至相寺智儼更發展其心要，並參照地論師的學說，著有《華嚴經搜玄記》九卷，成為最早的華嚴宗師疏述舊譯《華嚴經》的名著。智儼還宗依經義，著述《華嚴經孔目章》四卷、《華嚴五十要問答》二卷、《華嚴一乘十玄門》一卷、《六相章》一卷（已佚），以顯一經的要義。

嗣後大成華嚴宗的法藏，更廣泛發揮此經的教義，著有《華嚴經探玄記》二十卷，是為華嚴宗疏解舊譯《華嚴經》的重要典籍。其另著有《華嚴經文義綱目》一卷、《華嚴經旨歸》一卷、《華嚴八會章》一卷、《華嚴經翻梵語》一卷、《華嚴舊經梵語及音義》一卷等。此外，還據此編撰了有關於此宗宗義的名著，如《華嚴五教章》、《華嚴義海百門》等。以上所有的講習疏解，皆是依晉譯《六十華嚴》而作。

因法藏受封「賢首國師」，故華嚴宗又稱「賢首宗」。

到了武則天時期，實叉難陀的《八十華嚴》譯出，法藏以垂暮之年參與了譯場筆受，並依據新譯《華嚴經》著有《開脉義記》一卷、《新經三昧記》一卷、《七處九會頌》一卷、《華嚴略疏》十二卷，以顯示新經文義。

法藏的弟子靜法寺慧苑也根據新經著有《續華嚴經疏刊定記》三十卷，突破師說，自抒己見，並著有《華嚴經音義》四卷、《華嚴旋復章》十卷、《九會章》一卷等。

後有清涼澄觀延續華嚴的宗風，糾正慧苑的異見，發揮賢首的正統學說，撰有《華嚴經玄談》九卷、《華嚴經疏》六十卷，《隨疏演義鈔》三十卷，為賢首宗師疏釋新譯《華嚴經》的最大名著。

此外，澄觀還著有《華嚴經鈔科》十卷、《華嚴經略策》一卷、《華嚴經七處九會頌釋章》一卷等。到了貞元中期，澄觀又參與了四十卷《華嚴經》的譯出，撰著了《普賢行願品別行疏》六卷、貞元《華嚴經疏》十卷，以闡述《四十華嚴》的深義。

澄觀的弟子圭峰草堂寺宗密，也著有《普賢行願品別行疏鈔》六卷、《行願品疏科》一卷，以顯彰澄觀的心要。宗密還著有《新華嚴合經論》四十卷。以上專弘此經並因而蔚成一宗的法順、智儼、法藏、澄觀、宗密五師，世稱「華嚴五祖」。

展讀《華嚴經》，如果能夠感悟其中一個字無窮無盡的無量義，便能體會《華嚴經》裡出現最多的一句話之深義：「若人欲了知，三世一切佛，應觀法界性，一切唯心造。」

《華嚴經》是釋迦牟尼佛初成佛道後所宣說的。佛祖成道時說：「奇哉！奇哉！奇哉！一切大地眾生皆具如來智慧德相。」《華嚴經》說的，就是佛眼中的一切眾生自性皆與佛同，從凡到聖，一切實相的狀態皆是光明，皆是寶藏，皆是清淨涅槃。說「《華嚴》富貴」，也就是說：吾人應瞭解自己的心就如同佛的心，是福慧兩足的心。

元曉自然是明瞭佛家富貴之人；因此，他翱翔於九天，鳥瞰著更廣闊的世界。不只對佛學，他還對老莊之道家思想也有興趣。元曉對老莊思想也有相當的理解，在其著作中有不少引自《莊子》或《老子》思想的部分。比如《大乘起信論別記》序中的「玄之又玄」、「曠兮」、「蕩兮」、「無理之至理」等，都與《道德經》有關。此外，受到《莊子》的影響，他也曾在多部著作中引用像是「以雖無所然而非不然故」之類的語句。

元曉對佛教以外的領域都如此關心和理解，與其「一切道理不離佛理」的認知是相契的。

依智不依識

元曉鑽研經典的熱情從年輕一直持續到晚年。貞觀二十二年（西元六四八年），元曉三十二歲，遠在大唐長安的玄奘法師譯畢《瑜伽師地論》，這部巨著也很快就傳入了新羅。元曉拜讀經典之後，讚不絕口，並在他以後的著作中經常加以引用。

《瑜伽師地論》是玄奘法師於貞觀二十一年至二十二年（西元六四七至西元六四八年）間，在東都弘福寺翻譯完成的。在玄奘之前，也曾有三家翻譯此論：

第一、北涼曇無讖於西元四一四年到四二一年間，譯出《菩薩地持經》十卷、《菩薩戒本》一卷。

第二、劉宋求那跋摩，於西元四三一年譯有《菩薩善戒經》九卷。

以上這二種譯本，都沒有超出唐譯「菩薩地」的範圍。

第三、梁真諦、於西元五五七年至五六九年間，譯有《決定藏論》三卷，是唐譯「五識身相應地」、「意地」的異譯。

與奘譯本相較，這三種譯本，不但內容不完整，文字也晦澀難讀。

《瑜伽師地論》自玄奘譯出後，門人窺基便作《瑜伽師地論略纂》十六卷，遁倫集撰《瑜伽論記》四十八卷。此外，令因、圓測、玄範、無曉、璟興並作有《解深密經疏》；其中除圓測疏現存，其他都佚失不傳了。

此外，元曉在早期編撰的《大乘起信論別記》中，大量引用了貞觀二十三年（西元六四九年）翻譯的《攝大乘論》，所以此書當是他三十三歲之後的作品。《大慧度經宗要》是四十七歲的作品，《判比量論》是他五十九歲時完成，《華嚴宗要》和《金剛三昧經論》則是他六十多歲時的沉澱。可以看出，他一生都在不停地努力——努力修行，努力思考。

元曉的理念是為了解決人類所面臨的問題，並以啟發個人的覺悟、引導其走向實踐為目的。同時，他又很謙虛地說，這些著作只能算是他自己的學習筆記，怎敢期望它在世上流通？

而他編寫《菩薩戒本持犯要記》，則是為了提醒自己遠離淺薄的行為，實現遠大的理想，一心追隨真理。

由此可見，元曉對佛教的關注，更多的是從自己面臨的現實問題出發；同時，他也清楚地知道，自己的努力就是點亮一盞燈，希望這盞燈能夠照亮黑暗。

元曉的學問不是只在書桌前完成的，還融入了豐富的人生體驗。相較於其他新羅僧人的著作，元曉的文章似乎讓人更容易接受。

元曉的教化，從自由、坦誠的立場出發，他認為「應該不受宗派的限制，用自己的本心來判斷。」所謂不受宗派的限制，意味著不因為語言或文字而盲目追隨他人的教誨，也不能因為自身所學而拘泥於自己的思想。

元曉所說的「以本心來判斷」的標準，正是釋迦牟尼佛滅度的時候，教給我們的四依法：第一、依法不依人；第二、依義不依語；第三、依了義不依不了義；第四、依智不依識。

第一、「依法不依人」：佛不在世了，我們能守住佛的遺教「四依法」，就等於佛在世沒有兩樣。法是什麼？法是經典，經典要以《大藏經》為標準。

第二、「依義不依語」：「義」是佛所開示的意義所在，「語」則是指記錄下來的文字，也就是現在所稱的經典語錄。文字不過是語言的符號而已，用以作為記錄的工具，其所開顯的意義才是重要的。

第三、「依了義不依不了義」：什麼樣的義理才叫「了義」？能夠幫助我們這一生真正超越輪迴、永斷生死、成佛作祖，這樣的開示、這樣的方法，就叫「了義」，佛陀所講的一切大乘經都是以此為目標。

然而，或許還要視每個人的根器而定。審視一下自己的程度如何？闡述了義的經論很多，對自己卻不一定能受用。仔細觀察與思考，哪一種說法更能符合自己的根器？即使某經某論是了義，卻對我自身的根器沒有用處，學了那個經論的法門無法了生死，也不能跳出三界，對我來說就是「不了義」。

第四、「依智不依識」：這是最為重要的，亦是給我們很大的警惕。例如，凡夫感情很重，明明曉得某個道場的說法是不了義的，可是有好朋友相信，今天這個來勸、明天那個來拉，最終為了人情而不好意思不去，那就壞了。所以，佛陀教導我們應該「依智不依識」。

「智」是理智，「識」就是感情；若依感情，沒有不墮落的；依理智才能夠超越！所以，我們要以理性做主宰，不可以感情用事。這是很高的原則，若能把握好，一切自然水到渠成。

據說，佛陀有一天外出，路過一個小鎮，佛陀坐下休息。人們聽說來了一位開悟的聖者，紛紛前來問候，也有很多半信半疑的人過來看熱鬧，不一會兒就聚集了很多的人。有些人看到佛陀樸素的外表、破舊的衣服，便私下嘀咕：「咦？這好像不是開悟聖者的模樣？」

聽到人們低聲交談的佛陀微微一笑，開口對圍在身邊的人們說道：「你們不要被傳聞所迷惑，不要被它牽著鼻子走；不要被那些似是而非或空洞的理論所迷惑，也不要被表面的觀念所迷惑。當你意識到某些思想與行為不健全、或有錯誤時，就請將它放下；當你感覺到某些思想與行為是健康的、善良的，就接受並遵循它們。」

不輕易盲從或迷惑，這也正是元曉的想法：要保持理性，要懂得判斷；從這個角度來看，「依智不依識」可說是他貫徹始終的一點。

人們往往以自己的想法或標準來解讀他人，其結果往往是無法脫離自己的尺度，難以與他人產生共鳴。元曉則虛懷若谷；並認為，如果能證入「無念」的境界，那就是能真正地平等相處了。

不擺脫以自我為中心的認識觀點或利己主義，就無法與對方保持平等，也就不太容易理解對方的真正意思。學習佛教也是如此；為了正確認識客觀事實，必須做出正確的努力。元曉坦誠地站在平等的立場上，才能夠自在地面對肯定、否定。

元曉灑脫地說：「肯定了不一定會得到，否定了也不一定會失去，所以不要拘泥於肯定和否定。」

元曉懂得虛心聽取他人的主張和見解；像是他請教義湘有關華嚴的問題，因此解開了疑問。不過，他也有開口批評的時候，語氣會變得很強烈。

比如，針對儒學者的挑釁，他回應說：「在中國，雖然堯舜名聞天下，孔子是君子之首，但與佛陀相去甚遠，不能同日而語。」他對於曲解佛陀教義的邪師更是毫不留情，把他們稱為「大賊」或者「屠夫」。元曉的接受和批評本身，就是他本人提出之「和諍」的具體表現。

元曉認為，治學時要大小兼顧，不要見樹不見林。比方說，城牆是由許多磚塊構成的，在仔細研究每一塊磚頭的同時，也要知道這許多磚頭構成了一座龐然大物。這是他研究佛學的基本態度，也是最重要的態度。

他對華嚴、天台都有很深的理解，對於某些經論則堅持不懈地學習，力求達到更深層次的理解。例如，針對《大乘起信論》就編著了別記、疏、宗要、大記、料簡、私記等六種著作。

元曉的佛學思想建立在中國佛典新、舊譯的經論基礎之上；也就是說，無論舊譯還是新譯，他都曾經學習過。雖然他接受新譯教學，但並沒有忽略舊的傳統教學，這點從他特別關注地論宗可以看出。

總之，元曉的開放性學習態度，讓他不拘泥於時代和宗派限制，自由地翱翔在佛法的天空中。他稱自己就如在山間穿梭的小鳥，和風旭日，不亦快哉！

著作等身

前文提過，七世紀的新羅佛教可以很快地接收到中國佛教最新的漢譯經典；對那個時代的元曉來說，他的佛教思想基礎就建立在此之上。元曉在其著述中引用的經論約有一百種之多，可見他平日學習的刻苦和努力。元曉的努力並未簡單地以讀書的形式結束，而是留下了大量的讀書筆記——各種疏鈔。

整理元曉的著作目錄不是一件容易的事情，目前可以確認的著作大概有八十多部、兩百多卷。目錄如下：

1.《大慧度經宗要》一卷
2.《金剛般若經疏》三卷
3.《般若心經疏》一卷
4.《法華經宗要》一卷
5.《法華經方便品料簡》一卷

6.《法華經要略》一卷
7.《法華略述》一卷
8.《金剛三昧經論》三卷
9.《華嚴經疏》十卷
10.《華嚴經宗要》卷數不詳
11.《華嚴綱目》一卷
12.《華嚴關脈義》卷數不詳
13.《大乘觀行》一卷或三卷
14.《勝鬘經疏》兩卷或三卷
15.《無量壽經宗要》一卷
16.《無量壽經要簡》卷數不詳
17.《無量壽經私記》一卷
18.《阿彌陀經疏》一卷

19.《無量壽經疏》一卷
20.《涅槃經宗要》一卷
21.《涅槃經疏》五卷
22.《般舟三昧經疏》一卷
23.《般舟三昧經略記》一卷
24.《彌勒上生經宗要》一卷
25.《彌勒上下生經疏》三卷
26.《維摩經宗要》一卷
27.《維摩經疏》三卷
28.《金光明經疏》八卷
29.《金鼓經義記》卷數不詳
30.《楞伽經疏》八卷
31.《楞伽經料簡》卷數不詳

32. 《楞伽經宗要》一卷
33. 《解深密經疏》三卷
34. 《不增不減經疏》一卷
35. 《方廣經疏》一卷
36. 《梵網經宗要》一卷
37. 《梵網經疏》兩卷
38. 《梵網經略疏》一卷
39. 《梵網經菩薩戒本私記》兩卷
40. 《菩薩戒本持犯要記》一卷
41. 《菩薩瓔珞本業經疏》三卷
42. 《四分律羯磨疏》四卷
43. 《廣百論宗要》一卷
44. 《廣百論旨歸》一卷

45.《三論宗要》一卷
46.《掌珍論宗要》一卷
47.《掌珍論料簡》一卷
48.《瑜伽師地論疏》十卷
49.《瑜伽抄》五卷
50.《瑜伽論疏中實》四卷
51.《成唯識論宗要》一卷
52.《梁攝論疏抄》四卷
53.《攝大乘論世親釋論略記》四卷
54.《攝大乘論疏》四卷
55.《中邊分別論疏》四卷
56.《雜集論疏》五卷
57.《寶性論宗要》一卷

58. 《寶性論要簡》一卷

59. 《因明論疏》一卷

60. 《判比量論》一卷

61. 《因明入正理論記》一卷

62. 《大乘起信論疏》兩卷

63. 《大乘起信論別記》兩卷

64. 《大乘起信論宗要》一卷

65. 《大乘起信論料簡》一卷

66. 《大乘起信論大記》一卷

67. 《大乘起信論私記》一卷

68. 《一道章》一卷

69. 《二障章》一卷

70. 《大乘六情懺悔》一卷

71.《六現觀義發菩提心義淨義含》一卷
72.《十門和諍論》兩卷
73.《調伏我心論》一卷
74.《安身事心論》一卷
75.《求道譬諭論》一卷
76.《初章觀文》卷數不詳
77.《發心修行章》一卷
78.《清辨護法空有論諍》一卷
79.《劫義》一卷
80.《普法記》一卷
81.《慈藏傳》一卷
82.《無礙歌》一卷
83.《彌陀證性偈》一卷

以上目錄中，有些書流傳在韓國，還有一些收藏在日本，都被確認為是元曉的著作；由此也可看出新羅佛教對於日本的影響。此外，通常被認為是元曉著作的《遊心安樂道》卻沒有列入前述的目錄中；關於該書是否是元曉的著述，還存在諸多疑問。

從元曉的上述著作來看，他註釋的經論有《華嚴經》、《法華經》、《金剛經》等三十七部之多；對於《大乘起信論》更是特別用心，編撰了好幾種不同的論著。

在元曉的八十多部著作中，完整流傳至今的有《大慧度經宗要》、《法華宗要》、《涅槃宗要》、《彌勒上生經宗要》、《無量壽經宗要》、《阿彌陀佛經疏》、《菩薩戒本持犯要記》、《金剛三昧經論》、《大乘起信論別記》、《大乘起信論疏》、《二障義》、《發心修行章》、《大乘六情懺悔》等十三部。

還有一些以殘本的形式流通，如《華嚴經疏》、《菩薩瓔珞本業經疏》、

《梵網經菩薩戒本私記》、《解深密經疏鈔》、《判比量論》、《中邊分別論疏》、《十門和諍論》、《彌陀證性偈》等。

殘本中，《華嚴經疏》是針對《六十華嚴》的註釋書，原本有十卷，現存只有序部分和第三卷。《菩薩瓔珞本業經疏》原本是上中下三卷，現存只有下卷。《梵網經菩薩戒本私記》原本上下兩卷，現在只有上卷。《中邊分別論疏》原本四卷，現存卷三。《十門和諍論》原本有兩卷，現存只有海印寺收藏的三塊經板。據傳，《十門和諍論》因為備受稱頌，還被翻譯成梵文流傳到印度。《解深密經疏》只留下序文，《彌陀證性偈》也只剩下一首七言十二句的偈頌。

縱觀整個韓國佛教的歷史，沒有哪一位僧人像元曉這樣多產，也很難再找到編撰的論著數量超越元曉的。新羅時代的義寂有二十五部，憬興有四十餘部；太賢的著述最多，也只有五十多部而已。

不只是數量，元曉的著作還被傳播到中國和日本，對眾多高僧產生了相當的影響，這都是不應忽視的部分。

佛學號稱「五明」之學，五明亦稱「五明處」。「明」謂學問、學科，「五明」為五門學科，概括了當時所有的知識體系。所謂「五明」，指的是：聲明、因明、醫方明、工巧明、內明；以今天的話來說，學五明即是學習所有的哲學與科學技術。此五學，幾乎囊括世間一切學說，亦是古印度婆羅門傳統所必修的課程，其學說博大精深，了無盡窮。五明中的「醫方明」是指醫學知識；舉凡醫治人們疾病的經驗、學問、方法等，皆為醫方明。

佛教對身心的健康非常重視，認為只有身心達到平衡狀態才是真正的健康。佛教徒稱佛為大醫王，認為其演說妙法，就是「妙伽陀」，即治療煩惱的苦口良藥。佛的弟子中，精於醫學或對醫學有傑出貢獻的人很多；例如，有「醫王」之稱的耆婆居士，是將佛學圓融於醫藥學的第一位著名醫學家；《婆伽伐多史傳》中記載，迦膩色迦王的御醫遮羅迦著有《醫方集》，對後世的醫藥學有很大影響。

宇宙萬物，雖然錯綜複雜，但仔細觀來，無一可離開「因緣」二字。世間萬物，必需要有適當的因，佐以適當的緣，才能夠產生不同的形態，出現在不同的時間和空間裡。萬法的存在，亦不離因緣；不管是心法還是色法，都不能離開這個範疇；一旦這些必要的因素消失，萬法亦同歸湮滅。因此，宇宙間萬法之生滅，沒有不受因緣限制的，它們互相依存，互相發展；沒有一法能先一切其他法之立而獨立，也沒有一法能後一切其他法之滅而獨留。

具體分類來說，宇宙萬法，可由四緣具備而生起，此四緣者即因緣、次第緣、所緣緣和增上緣。

「因緣」，就是真如萬法的種子；種子能起現行（當下的所有思想與行為），現行反過來又熏習種子；它們互為因果，令宇宙萬法能夠出現。由於現行本身又成為未來現行的種子；因此，種子與現行其實非一非異，不可分割。種子是一切萬法之因，這種萬法成立的主因就叫「因緣」。

萬法生起的時候，若是前念下滅，後念便不能生起；若沒有這種條件，縱有因緣，萬法亦不能成立。這種必要的條件，就是所謂「次第緣」。

有了因緣與次第緣，沒有適當的外緣引發，種子亦不能現行；猶如植物缺少陽光雨露，雖有變異成長的能力，但不能出現生機。這種被種子所攀附的緣，即是「所緣緣」。

具備了三種緣之後，萬法尚不能形成，仍需要一種增強它攀附外緣的力量，這種緣即是「增上緣」。

具足了四緣，則萬法具焉；這就是佛教的因緣學。在中國醫學理論體系中，這種緣同樣具足，只是轉換成另一種名稱罷了，道學家稱它為「陰陽」。

陰陽學說是中國古代的樸素哲學，也是囊括宇宙萬法的一門學說。它最初的涵義是很樸素的，只是指日光的向背；後來引申為氣候的寒熱、方位之上下左右、運動和靜止。古代思想家看到一切事物均有正反兩方面，就用陰陽來概括它，並認為陰陽的對立和消長是宇宙的基本規律。故《易經・繫辭上》云：

「一陰一陽之謂道。」

陰陽學說認為，陰和陽是一切事物內部所固有的，宇宙間一切事物的發生、發展、變化都是陰陽對立、調和運動的結果。它的根本規律，總的來說，可以概括為四個方面，一、陰陽的對立制約；二、陰陽的互根互用；三、陰陽的消長平衡；四、陰陽的相互轉化。

陰陽的「對立制約」，就是陰陽對立而又調和，以維持宇宙萬物的平衡，例如白天與黑夜、躍動與寧靜。

陰陽的「互根互用」，則是陰陽兩種屬性各自依賴對方而以成立。所謂「孤陰不生、獨陽不長」，二者缺一不可，與佛教的因緣學說有其相應之處。

陰陽的「消長平衡」，就是事物絕對與相對運動規律的揭示；也就是說，事物在運動中包含著相對的靜止，相對的靜止之中又包涵著絕對的運動。

陰陽的「相互轉化」，亦就是因果關係。造業即造因，有因才有果；在一定的條件下，果又反過來變成因，再促成下一階段之果的形成，持續著宇宙萬法的發展變化。

中醫最早的理論著作《黃帝內經》，亦以「陰陽」來形容萬物乃至人體之變化。如《黃帝內經．素問．陰陽應象大論》云：

陰陽者，天地之道也，萬物之綱紀，變化之父母，生殺之本始，神明之府也。

這段話精煉地概括了宇宙萬物不離陰陽之根本規律。

佛教的醫學則認為，人體之病乃起於「地、水、風、火」。如《佛說醫經》中云：

人身中本有四病，一地二水，三風四火。風增氣起，火增熱起，水增寒起，地增力盛，本從四病起四百四病。故土屬身，水屬口，火屬眼，風屬耳。

以現代中醫學的理論體系觀點來看，佛教對四大的分類和劃分，是十分精確而科學的。在中國醫學理論體系中，除把構成宇宙萬法的性質分成陰陽兩大類外，還將其劃分成五類，即金、木、水、火、土，此即「五行」學說。它與佛教的「四大」學說十分相似，都是以最樸素的、最基本的元素或屬性，來概括萬法的性質。

「四大」，即地大、水大、火大、風大，四種物質屬性，它是構成宇宙萬法的根本物質。因它們周遍一切色法，所以叫做「大」；又能生出一切色法，故又稱為「種」。以屬性而言，地以「堅硬」為性，屬地大；水以「潮溼」為性，屬水大；火以「溫暖」為性，屬火大；風以「流動」為性，屬風大。佛教認為，此四種物質乃是構成宇宙萬法的根本要素，一切皆由四大和合而成；四大一旦分散，則萬法歸於壞滅，故言「四大本空」。

四大種物質，基本上是處於有規律的運動中，按照各自的屬性維持著人體生理平衡，互相制約和互相消長。一旦失去平衡，則機體即發生病變；四大缺一，則成滅壞空，生命即告滅亡。

《法苑珠林》中對四大不調有詳細的論述：

夫三界遐曠，六道繁興，莫不皆依四大相資，五根成體；聚則為身，散則歸空。然風火性殊，地水質易，各稱其分，皆欲求實。求實之理，既難所以調和之乖為易；忽一大不調，四大皆損。

如地大增，則形體駿黑，肌肉青瘀，症瘕結聚，如鐵如石。若地大損，則四肢損弱，或失半體，或偏枯殘廢，或毀明失聰。

若水大增，則肌肉虛滿，體無華色，舉身萎黃，神顏伹喪，手腳潰腫，膀胱脹急。若水大損，則瘦削骨立，筋現昧沉，唇舌乾躁，耳鼻焦乾，五臟內煎，津液外竭，六腑沉耗，不能自立。

若火大增，則舉體煩熳，焦熱如燒，癃癮疽腫，瘡痍潰爛，膿血流濫，臭穢竟充。若火大損，則四肢羸瘠，臟腑如冰，焦滿凝寒，口若含霜，夏暑重裘未嘗溫慰，食不消化，恆常嘔逆。

若風大增，則氣滿胸塞，腑胸痞膈，手足緩弱，四體疼痹。若風大損，則身形羸瘠，氣裁如線，動轉疲乏，引息如抽，咳味噫縊，咽舌難急，腹壓背僂，心內若冰，頸筋喉脉盡作鼓脹。

如是種種皆是四大乍增乍損，致有孱疾。既一大纓羸，則三大皆苦，展轉皆病，俱生煎惱；四大交反，良由苦報。

佛教在病因的分類方面與現代醫學有所不同，它包括三個方面，即生理的、心理的、以及因果循環報應所致的，這超出了中西醫學的疾病分類範疇；而最具有佛教特色的，正是業報致病和禪病。由此可知，佛教醫方明對於疾病的分類雖與現代醫學不同，但自有其合理性。

在印度，佛教的比丘們大多數均通達五明之學，特別是醫方明，這是出家僧眾所必備的知識。因此，歷代以來，佛教中不乏不僅通曉經典、還醫術高超的高僧。例如佛圖澄大師，東晉時代被後趙石勒、石虎尊為國師，據說其善神咒、巧醫術。當時多有長年臥病、為病所苦、又無人能醫治的病人，佛圖澄於是發心施醫，使病者應時而癒。還有竺法調，是從印度東來的比丘，在常山寺定居，精通醫術，頗負盛名，常有百里以外前來求醫者，經其療治，均能痊癒。

在元曉生活的那個時代，僧侶是最高的知識階層；因為他們精通漢字，還對琴棋書畫、天文地理都有所涉獵；特別是，一些僧侶對醫學也有所鑽研。從古代流傳的《新羅法師方》、《新羅法師流觀祕密要術方》等來看，會醫術或者咒術的僧侶不在少數。

西元六九二年（唐武后如意元年），新羅官方設立了負責醫學教育的「醫學」專業，規定將《本草經》等七個科作為教學科目進行普及教育。作為當時最高的知識階層，僧侶們可以接觸到這些作為教學科目的書籍。

《金光明經》是有關人生老病死的一部佛經；在其〈除病品〉中，流水長子從其父那裡學習醫術，醫治病苦眾生，得到了大醫王之稱譽。由此可見佛教對於醫術之重視，因其能直接救度眾生病苦。

元曉在平日度化眾生的過程中，目睹了人生很多的不幸和痛苦，所以會應時應機地利用佛經的力量來解脫眾人之苦。比如，他曾經宣講《金剛三昧經》，並以此功德祈願王妃身體健康。

元曉認為，除了用這種宗教方法治療外，也需要直接學習醫術。所以，在他的著述中，偶爾會看到一些與疾病和醫療有關的內容，這與他對醫術的重視不無關係。

元曉認為，一年中的前六個月是陽氣在起作用，後六個月陰氣在起作用。細分又有陽氣和陰氣的三時差別：陽氣三時差別，是指正月和二月陽氣開始綻放，三月、四月陽氣均勻作用，五月、六月陽氣漸弱；陰氣三時差別，則是指七月、八月陰氣初起，九月、十月陰氣均勻作用，十一、十二月陰氣轉弱。他提醒人們順應時節的不同來調養身體。

同時還要注意搭配五行。元曉把五行與四季聯繫起來闡明身體生病的原因，認為人生病除了業障之外，就是陰陽不調、背離五行的運作。因此，要注意四季的飲食：春屬木，其味酸；夏屬火，其味苦；秋屬金，其味辛；冬屬水，其味淡。

人的生老病死是正常的生長規律，任何人都不可避免。

從現代科學來看，疾病是身體組織的損傷或病變，哪一個部位有病，哪一個部位的組織就發生了病變或者損傷；修復身體組織，是現代醫學解決疾病的主要手段。

從中醫學角度來看，人的身體是一個循環系統，發生障礙時就會生病，因此說「痛則不通，通則不痛」。疏通、恢復身體內部的正常循環，則是中醫解決疾病的主要手段。

從生命科學來看，疾病是人體內部生命的對抗所現之象。例如，細菌侵入人體內部，造成了身體細胞的病變，阻礙了身體系統的循環，人就會感冒、發燒；細菌、細胞都是生命，這就是生命的對抗引起的病變。

世間眾生都具有生命。由於我們人類貪瞋癡的惡習，以自我為中心，自私自利，不惜傷害他人和萬物的行為，這就是惡業；這惡業一旦因緣成熟就會附著在我們身體上，形成身體內部的生命對抗，在佛教來說就是業力、業障。

而化解矛盾、消除對抗，把惡緣、逆緣轉化為善緣、助緣，是解決生命對抗的唯一渠道，也是修行人了業的過程。古語說，大災之後必有疫情，其實說的就是環境惡化是形成惡性生命的原因；淨化自然環境、淨化社會環境、淨化人類心靈，是抑制惡性生命形成的唯一渠道。

生老病死是人生的常態；對於我們一般人來說，因為經歷有限，所以會感到驚慌。特別是面對死亡時。其實，對佛家來說，死亡是一段生命的結束，同時又是另一段生命的開始。

我們驚慌失措，大多是因為那段情分的牽掛。但是，生死並不是我們能夠操縱掌握的，恐懼驚慌也沒有什麼用處；要學會去透視、去瞭解。

人生無非就是一場戲；這邊戲演完落幕了，那邊的戲就開場了。至於在未來的戲中能夠擔當什麼樣的角色，那就要看自己的心了。

心惡墮入三惡道，心善入三善道；修成清淨心是小乘聖人，達本體識本來是大乘菩薩；修成自性不二是八地以上菩薩，一切圓融的心是佛道。

陳那菩薩再世

元曉對於整個佛教理論體系極為關心，包括《華嚴》、《法華》、《起信》、因明等。他曾經撰寫了《因明入正理論記》一卷，不過未能傳世。元曉在他另外一本著作《判比量論》中，則對玄奘的某些觀點進行了批判。

在古代韓國和日本，人們把元曉稱為「陳那菩薩(註一)再世」，這無疑也是因為他對因明的關心所致。

《三國遺事》中有「謂芬皇之陳那，浮石寶蓋，以至洛山五臺等是也」的部分，其中的「芬皇之陳那」是說元曉為陳那再世，「浮石寶蓋」是說海東華嚴初祖義湘為金山寶蓋如來化身，「洛山五臺」則分別指觀音和文殊的道場——中國之普陀山及五臺山。

然而，除此記錄之外，韓國其他的古代史料中並無具體的相關說明，為什麼將元曉視為陳那菩薩轉世。

日本方面也有相關的記載，不過大都是十一世紀以後的記錄。如濟暹（西元一〇二五至一一一五年）在其《釋摩訶衍論決疑破難會釋抄》中寫道：「如元曉師者，是亦神人也，為陳那菩薩之後身也。」

藏俊（西元一一〇四至一一八〇年）在他編撰的《因明大疏抄》（西元一一五二年左右）中比較詳細地說明這一稱謂的由來：

元曉和上緣起云，玄奘三藏於西域中，欲學《瑜伽論》。時西城中在戒賢論師欲涅槃時天唱如是言：漢國之賢人為學瑜伽論故來，莫為涅槃。爾時玄奘順府，往學瑜伽論。然後立真故極成量，而破小乘執。時西域諸論師等，無釋此量；此諸論師皆言，不陳那不能是量釋。時玄奘還於漢國而為說是量，時無斥是量過。爾時造廣百論疏，文軌師誓願言：不陳那菩薩是量釋；若有是量過人，我為其作臣也。爾時順師學是已，還於羅國中是量。時元曉菩薩云，此量有法差別相違過。爾順師如其自知通於唐國言，水土是易故，至於羅國知是量過，時論師等皆向東三禮尊贊歎。故道證師等章疏中，羅國元曉等章疏中，羅國師所說。由是義，故知陳那菩薩。

在這段文章中，提及玄奘大師西行求法的故事。

話說當年，玄奘大師歷經艱辛，終於到達印度王舍城的那爛陀寺，僧人引導大師去參見「正法藏」，也就是戒賢論師。玄奘大師一見到戒賢論師，就依照當地的禮俗，以膝蓋跪地而行，用手肘支撐地面前進，在論師足下頂禮。

論師命人布置床座，請玄奘大師坐下，詢問其從何處來？玄奘回答：「我是從中國來的，希望能跟大師學習《瑜伽師地論》。」戒賢論師聽後，掩面而泣。隨即召喚一位名叫覺賢的弟子上前，戒賢告訴他：「你可以跟大家說出我三年前生病的那段往事。」

覺賢聽後，悲傷拭淚，哽咽地說出了當年的情況：「大師一直有風溼的宿疾，每次發病時，手足就會劇烈疼痛，好像被火燒、被刀刺那樣痛苦；這種病時好時壞，也已經拖了二十多年。三年前，法藏的病痛更加劇烈，他已厭惡這個身軀，打算不吃不喝，以求滅度。

「一天夜裡，他夢到了三位天人，一位是黃金色，第二位是琉璃色，而第三位是白銀色。他們的形貌十分莊嚴端正。在夢中，天人告訴他：『因為過去世中曾作過國王，卻帶給眾生許多苦惱，所以才招感今日病苦的果報。將來有一位從大唐來的出家人，想要跟隨你學習，所以你不能入涅槃；必須等他來，然後好好地教導他。』」

在場的人聽到這一段因緣，都稱讚這真是稀有難得之事；玄奘大師更是悲喜交集、不能自已。於是，他再度禮謝戒賢論師，正式拜入戒賢門下學習。

結束了在印度的十七年求學後，玄奘返回大唐，翻譯了大量包括唯識學在內的許多經典。門下有來自新羅的弟子神昉、智仁、僧玄、順憬等人，以及唐僧窺基等人（窺基日後成立了唯識宗）；新羅本地的僧人也接受到了大唐新傳來的佛教思想，並以元曉、道證、太賢等人作為代表。

西元六六四年，玄奘圓寂，窺基之後對《成唯識論掌中樞要》和《因明入正理論疏》進行了批判。贊寧在《宋高僧傳．順憬傳》中說，是順憬立論且與窺基的見解不同（於此量作決定相違基師念）。但是，在新羅遁倫的《瑜伽論記》中則說，這其實是元曉的見解。

西元六七一年，五十五歲的元曉，在編撰的《判比量論》中對玄奘的「唯識比量」觀點進行了批判；就時間上來看，與順憬把這一觀點帶入大唐的時間（西元六六六至六六七年）還有幾年的差距。那麼，究竟是誰繼承了誰的觀點呢？根據日本僧人的記錄，我們可以這麼解讀：元曉的觀點在成書前就已經在新羅佛教界流傳；順憬接觸到了這個觀點，並入唐求法。

總之，可由此事說明元曉在因明學方面的貢獻，以及他追求真理的性情——因此才敢對當時佛教因明學權威之玄奘法師的論點提出質疑。應是基於這個原因，他被新羅乃至日本的出家僧眾稱為陳那菩薩的再世、化身。

【註釋】

註一：陳那，梵語 Dinnāga，意譯「域龍」、「大域龍」、「童授」、「方象」，為古印度大乘佛教瑜伽行派的重要理論家，新因明學說的奠基者，印度中世紀邏輯之父。南印度香至國人，屬婆羅門種姓。原信從小乘犢子部，後改習大乘，從世親受學。善言能辯，在與「外道」論辯中常獲勝。曾在那爛陀寺講授唯識論和因明等。批判與吸收了《正理論》，改革佛教古因明理論，創立了新因明。

其在因明學上的貢獻主要有：對「能立」與「所立」重新分界，以宗體為論爭的標的；創建「九句因」，作為支因明的推論基礎；增設「喻體」，以提高推理的可靠程度；改五支（宗、因、喻、同類、異類）為三支（宗、因、喻）；確定量只分現量和比量；提出獨具特色的概念「遮詮」理論。

在因明方面代表作前期有《正理門論》（即《因明正理門論》）、後期有《集量論》等八論，此論早在唐代時就有翻譯。宋、元以後，西藏也翻譯了不少陳那的因明論著作；據德格版《丹珠爾》所收，計有《集量論》、《集量論釋》、《觀所緣緣論》、《觀所緣緣論釋》、《觀三時》、《因輪抉擇》等。

貳・不朽的名著

造論大意不出二種，上半明為下化眾生，下半顯為上弘佛道。所以眾生長沒生死之海、不趣涅槃之岸者，只由疑惑邪執故也；故今下化眾生之要，令除疑惑而捨邪執。

前文曾提及元曉著作等身；其中，最為重要的著作便是《金剛三昧經論》、《華嚴經疏》、《大乘起信論疏》等三部著作；不僅對韓國佛教影響甚巨，對於中、日之佛學思想亦多所啟發。

《金剛三昧經論》

《金剛三昧經論》堪稱元曉的代表著作之一，傳閱至今，是瞭解元曉生平佛教思想的珍貴書籍。

藏於龍宮之《金剛三昧經》

《宋高僧傳・元曉傳》中以很大的篇幅記載了此書傳來的過程，某種程度上亦說明了本書的重要性：

王之夫人腦嬰癰腫，醫工絕驗。王及王子臣屬禱請山川靈祠，無所不至。有巫覡言曰：苟遣人往他國求藥，是疾方瘳。王乃發使泛海入唐募其醫術。溟漲之中忽見一翁，由波濤躍出登舟，邀使人入海覩宮殿嚴麗。見龍王，王名鈐海，謂使者曰：汝國夫人是青帝第三女也。我宮中先有《金剛三昧經》，乃二覺圓通示菩薩行也。今托仗夫人之病為增上緣，欲附此經出彼國流布耳。於是將三十來紙，重沓散經付授使人。復曰：此經渡海中恐罹魔事，王令持刀裂使人腨腸而內於中，用蠟紙纏縢以藥傳之，其腨腸如故。

龍王言：可令大安聖者銓次綴縫請元曉法師造疏講釋之，夫人疾愈無疑，假使雪山阿伽陀藥力亦不過是。龍王送出海面，遂登舟歸國。時王聞而歡喜。

由上可知，《金剛三昧經》原本是藏在龍宮裡的，借新羅王妃生病之托，而要在新羅流通。龍宮為什麼會有這部經典？又為什麼一定邀請元曉造疏呢？《宋高僧傳》中的解讀如下：

繫曰：海龍之宮自何而有經本耶？通曰：經云龍王宮殿中有七寶塔，諸佛所說諸深義別有七寶篋滿中盛之，謂十二因緣總持三昧等；良以此經合行世間，復顯大安曉公神異，乃使夫人之疾為起教之大端者也。

龍王守護著重要的經典，等待因緣成熟，流通於世。這則傳說，讓我們想起《華嚴經》的傳布。

當年，成為佛陀前的悉達多太子在菩提樹下夜睹明星，豁然大悟；他所證悟到的，即是華嚴境界。因此佛菩薩境界廣大幽玄，我們這些娑婆世界的人根器不足、難以受持，佛陀便向四十一位法身大士宣講此經；四十一位法身大士其中一位是龍王（大龍菩薩），便將《華嚴經》匯集起來，珍藏到龍宮中。

佛陀活動的年代是公元前五世紀到四世紀。到了公元二世紀時，南印度出現了一位名叫龍樹的菩薩；他出身於婆羅門種姓，自幼聰慧過人，博聞強記，各種世間技藝無不通曉。後來出家學佛，很快就學遍了當時的大小乘經論，自認為已經博通三藏，覺得釋迦牟尼佛所說的法也不過如此。

就在龍樹準備自立宗派的時候，龍王出現了——其實是大龍菩薩的化身。龍王邀請龍樹菩薩到龍宮閱讀所收藏的佛經，龍樹菩薩於龍宮中見到《華嚴經》，由此認識到釋迦牟尼佛具有浩瀚無比、廣大圓滿的智慧。當時看到《華嚴經》有上中下三種本：上本有十三千大千世界微塵數偈四天下微塵數品，中本有四十九萬八千八百偈一千二百品，下本有十萬偈四十八品；上中二本都不是凡人的心力能夠受持，他便只將下本十萬偈的《華嚴經》帶出龍宮，在世間廣布流傳。而實際上流傳的經本只是下本的略本，我們見到的最完備之唐譯八十華嚴也只有四萬五千偈。

讓我們再看看古代神話中經常登場的龍。龍是東亞古代神話傳說中的神異動物，常用來象徵祥瑞，具有袪邪、避災、祈福的作用。關於龍的形象，最基本的特點是「九似」——具體是哪九種動物尚有爭議，傳說多為其能顯能隱、能細能巨、能短能長，所謂春分登天、秋分潛淵。

龍又被視為文化本源。《易》乃中國群經之首、大道之源，而《易》之源則可追溯至龍書。《易經》中，主卦為乾、坤二卦。

乾卦之中，則按六爻之順序揭示了事物包括人生成長的普遍規律，以龍成長於水中為喻，提煉、總結出成長為遨游天地之成功者的六個人生階段。其爻辭為——

初九，潛龍勿用。指人生初期，象徵人生的學習階段。

九二，見龍在田，利見大人。指龍之羽翼初豐，象徵人生的實習階段。

九三，君子終日乾乾，夕惕若厲，無咎。指閱歷經驗已具備，象徵人生的創業階段。

九四，或躍在淵，無咎。指人生已達到德才兼備，象徵人生的成功階段。

九五，飛龍在天，利見大人。指龍騰出江河，飛離陸地，象徵人生追求與成就已到極致。

上九，亢龍有悔。人的聲勢、成就已達巔峰，逐漸步入衰微階段。

中國古代尚龍的習俗，也流傳到了鄰近的朝鮮半島，有關龍的傳說也經常出現在韓國佛教的歷史中。例如，據傳，在新羅真平王時代（西元五七九至六三二年），僧人緣光入隋求法，學成後搭乘船隻返回新羅途中，被邀請到龍宮宣講《法華經》。文武王時代（西元六六一年至六八一年），明朗曾前往龍宮傳授密法。義湘在洛山修行，東海龍王送他一顆如意寶珠。位於新羅首都慶州的皇家寺院，更是以皇龍寺（註一）命名。由此可知，古代新羅人對龍並不陌生。

珍藏於龍宮的經典傳播到新羅，這是為了強調這部經典與新羅的某種關係；特別是點名要元曉著疏，更是關鍵所在。

《金剛三昧經》之眞僞

其實，《金剛三昧經》本身便充滿了神祕色彩。《金剛三昧經》始見於僧祐（西元四四五至五一八年）編撰的《出三藏記集》卷四之《新集安公涼土異經錄》，為失譯經典。

現存本間雜有許多後世的內容和名相，顯然已非寧康二年（西元三七四年）以前的譯本，而是後人之作，唯沿用舊名而已。

然有不少學者另立新說。或認為此經出自新羅，如韓國的金英泰、美國的巴斯維爾等；中國學者杜繼文、日本學者柳田聖山，則指出此經乃元曉所撰。相較之下，印順導師判之為道信以前出現的中土之作，堪稱真知灼見。

《金剛三昧經》確實包含著對唯識的批判。它以會合如來藏與般若理論為宗旨，以般若真空契合如來藏妙有，以無分別之真智觀照無相之如如，境智雙融，空有俱泯，理行合一，從而使眾生獲得真實解脫。

《金剛三昧經》或可視為乃是在《大乘起信論》的基礎上完成了對唯識的超越和消解。《起信論》強調的是染淨與體用的「合一」，《金剛三昧經》強調的則是空有與境智的「本一」。因此，《起信論》之「一」乃是融合眾流的一，是具足一切的圓一；而《金剛三昧經》之「一」，則是超然物外的一，是不立一法的純一。

雖然無法確定《金剛三昧經》的作者，但《金剛三昧經論》乃元曉所編撰則為不爭的事實。依《宋高僧傳》中所載，元曉編撰《金剛三昧經》的過程如下：

曉受斯經正在本生湘州也。謂使人曰，此經以本始二覺為宗，為我備角乘將案幾；在兩角之間，置其筆硯，始終於牛車造疏成五卷。王請剋日於黃龍寺敷演。時有薄徒竊盜新疏；以事白王，延於三日，重錄成三卷，號為略疏。洎乎王臣道俗雲擁法堂，曉乃宣吐有儀解紛可則，稱揚彈指聲沸於空。曉復昌言曰：昔日採百椽時雖不預會，今朝橫一棟處唯我獨能。

時諸名德俯顏慚色，伏膺懺悔焉。

初曉示迹無恆，化人不定；或擲盤而救眾，或噀水而撲焚，或數處現形，或六方告滅，亦杯渡、誌公之倫歟？其於解性覽無不明矣。疏有廣略二本，俱行本土，略本流入中華。

元曉曾經在皇龍寺講解《金剛三昧經論》，堪稱是當時新羅佛教界的大事。雖然不能確定法會的確切時間，推測應該是文武王或新文王在位之時，也就是元曉的晚年時期。

從規模上看，皇龍寺是新羅最大的寺院；從佛教角度來說，皇龍寺是國家最重要的皇家寺院，僅從該寺內藏有新羅三寶中的丈六尊像和九層塔這一點就可以看出。新羅真興王三十五年（西元五七四年）鑄造的這尊丈六佛像，據說使用了三萬五千多斤銅，金箔所用的金子也有一萬多分。另一樣重要的寶物，九層木塔修建於善德女王十五年（西元六四五年），這座木製九層塔高約八十公尺，在當時是最高的建築。

僧侶的受戒儀式、重要的講經法會、乃至祈雨祈福等國家層級的重大佛事，通常都會在位於首都慶州中心的皇龍寺舉行。例如，真平王三十五年（西元六一三年）舉辦的百古坐講會，由高僧圓光（就是前述提出「世俗五戒」的法師）主持。善德女王十二年（西元六四三年）左右，慈藏在皇龍寺曾講說《菩薩戒本》。

考慮到元曉所著《金剛三昧經論》三卷的冗長篇幅以及艱澀的理論，《金剛三昧經論》的宣講在短時間內是沒法結束的；也就是說，講經法會應該會持續比較長的時間。可是，因為沒有相關的史料記載，我們無從瞭解元曉那個時代之佛教法會進行的儀軌順序和具體方式。

不過，九世紀赤山法華院（今山東威海）的法會記錄，或許可以給我們一些想像的依據。這座寺院雖然在大唐的領域內，但因為住持該寺的都是新羅僧人，所以在此進行的佛教儀式都是根據新羅佛教的方式進行——

辰時（上午七時至九時）敲鐘，眾人集合，講堂入座。主講法師入法座，大眾稱念佛號，維那起腔唱贊；香贊結束後，開始講經。先齊聲稱頌經名，然後依據三門分別解說。講經結束後，維那起身至前，宣讀法會緣由，然後把記錄有施主姓名的名單呈給主講法師；法師宣讀，加持祝福。祈願結束後，有問題的人提問。整個講課期間都有專人做記錄，連同最後的問答都記錄下來。講義結束後開始讀誦經典，然後回向，最後恭送主講法師回寮。

以上是九世紀前期、日本入唐求法僧圓仁（註二）在他的《入唐求法巡禮記》（註三）中所記錄之赤山法華院舉行講經法會的場景。雖然與元曉生活的時代有一定的時間差距，但是大體上應該不會有很多變動。

對「一心」的強調

《金剛三昧經論》的構成如下：

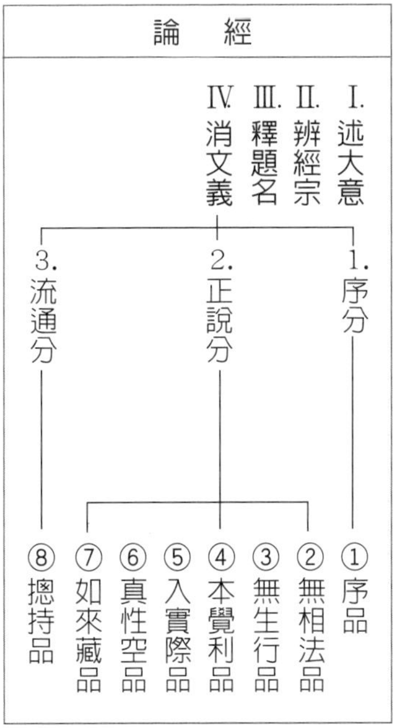

在此論的序文中，元曉寫道：

夫一心之源，離有無而獨淨；三空之海，融真俗而湛然。

在論中，他提出了作為自己哲學最高範疇的絕對精神實體——「一心」。元曉在《金剛三昧經論》中說：「一心之體本來寂靜，故言決定性也。」而「決定性者，謂真如性不可破壞。」被無明覆蓋的真如本體，經過修煉，去除無明，即可成就永離生滅、離暗成明、清淨如琉璃的大圓鏡智。這種真如本體即一心，是某種不生不滅、永恆而不可破壞的精神實體（但「無我」）；就某種存在論的意義而言，它是世界的本原，宇宙萬物由於它的存在而產生和發展。

元曉說：「四相俱有為心所成，離一心外無別自體。」這就是說，世界上具有生住異滅四相的一切物質的和精神的現象，都是由一心派生的。從哲學的角度看來，可說他把佛教思想從主觀唯心主義推向客觀唯心主義。

元曉提倡「和諍論」的辯論方法，對概念和範疇提出了某些合理的辯證法思想。例如，他在談到「同異」這兩個相互對立的概念關係時，明確指出：「不能同者，即同而異也；不能異者，即異而同也。」亦即認為，「差異」是對「同一」而言的，「同一」是對「差異」而言的。

他說「同者辨同於異，異者明異於同」，即「同一」只有在「差異」之中才能辨別，「差異」只有在「同一」之中才能明確。「差異」中辨別「同一」並不是意味著「分同為異」，「同一」中明確「差異」也不是意味著「銷異為同」；「差異」可以說成「同一」，「同一」也可說成「差異」。

他還認為「有」和「無」互相對立，又互相依存；「有即無，無即有」，無「無」無所謂「有」，無「有」無所謂「無」。

他始終協調「一切眾生，同一本覺」；正因為如此，人人都可以成佛。原因在於，這一「本覺之心」不僅是每個人修行的基礎，也是每個人在自覺之後，可以使他人覺悟的基礎。只要回歸這一本覺之心，就可以進入涅槃，獲得解脫，最終成佛。

此外，元曉還依據《楞伽經》、《法華經》以及《大乘起信論》中的內容，把《金剛三昧經》中的「本覺」和「如來藏」、「第九識」、「諸法實相」、「涅槃」等聯繫在一起，消除了「本覺」被實體化的危險。需加以說明的是，有關「本覺」有相關的幾個概念，一是「無明不覺」，二是「本覺」，三是「始覺」，四是「究竟覺」。

「無明不覺」是因客塵所染；由染汙故，所以立不覺；但心體本身常恆覺性，故立本覺。「本覺」是心體，也即是心性，不生不滅，有「不變」義與「隨緣」義。「始覺」是心體之用，隨緣而生，離染還淨，心性照顯，故有始覺生出。始覺約因位，「究竟覺」約果位，這是「真常唯心論」（印順法師語）的心性本覺體用觀。但是，如果將這個「覺」當成本有、固有，乃至當成本體之性，就會出現問題。

另外，元曉認為，對於「本覺」與「始覺」的關係，既不能執著於二者是「一」，也不能執著於二者是「異」。因為，如果執著於二者是「一」的話，眾生就會因此心生懈怠，以為不需要努力修行就可以成佛。另一方面，如果執著於二者是「異」的話，眾生就會以為修行就是一定要「有所得」，由此產生分別執著。

因此，如果某人想要回歸這一本覺之心，從始覺到達本覺，就需要進行諸般修行實踐，諸如無相觀、十二因緣觀、如來禪、理入行入等各種觀行，作為修行的輔助。

雖然《金剛三昧經》中所提到的一些論述與其他禪宗典籍中的說法有些相

似，然而元曉對它們進行了不同的詮釋。

元曉認為，這些修行方法都建立在「本覺」的基礎之上。他在解釋這些修行方法的時候，始終秉持著大乘佛教菩薩自覺覺他、自利利他的精神，用菩薩的六行（六度）將這些具體的修行方法聯繫在一起。

與元曉的其他著作一樣，《金剛三昧經論》中也同樣體現了他的「和諍思想」；他不但提出了指導原則，並且將其運用在解釋文本的具體過程中。

元曉用「一心」這一根本概念來概括佛教各宗派的異說，創立「海東宗」這一佛教唯心主義的新形態，成為新羅國家的精神支柱。

正是因為如此，元曉的《金剛三昧經論》對後世東亞三國的佛教產生了很大的影響；無論是在韓國、中國還是日本，此論都被後世的學僧讀誦並引用。這些人的派別不同、宗門各異，但這並不阻礙他們對於這部著作的熱愛，可說是東亞三國佛教界之間密切交流的見證。

《金剛三昧經論》代表了韓國佛教思想的最高水準。當然，這部論述的產生，是建立在隋唐時期中國佛教極度興盛的基礎上的。

不過，從另外一個角度來看，《金剛三昧經論》同時也成為一直處於中國文化接受者地位的新羅、在佛教文化上反過來影響中國的一個標誌；這種影響不是唯一的，卻是具有特別意義的。從時間上來說，韓國佛教對於中國佛教的影響，在盛唐之後的每個時代都有發生，一直持續到近代。

《華嚴經疏》

與專攻華嚴的義湘一樣，元曉對於《華嚴經》也有很多著述，目前可以確認的有《華嚴經疏》、《華嚴經宗要》、《華嚴經綱目》、《大乘觀行》、《一道章》、《普法記》等。可惜的是，以上著作基本上沒能傳承至今，現存只有《華嚴經疏》的序和卷三的一部分，以及其他書中引用的部分內容。

由於元曉對所有佛教經典都感興趣，所以他應該很早就開始關注《華嚴經》；有關《華嚴經》的著述，從初期到後期也都會涉獵。《一道章》被認為是較早時期的著作。《華嚴經宗要》和《普法記》看得到「普法」、「數錢法」等用語，這些都是智儼所使用的華嚴教法；入唐求法的義湘曾跟隨智儼學習，學成返回新羅是在西元六七〇年之後，所以這兩部著作應該是這之後編撰的。而《華嚴經疏》則是他晚年的著作。

從《一道章》的名稱來看，應該是元曉對《華嚴經》中的「一切無礙人，一道出生死」有感而發，以這句話為切入點，對《華嚴經》的核心思想進行分析，並闡明自己的大乘思想觀點。

至於《華嚴經宗要》和《普法記》，則應該是元曉從義湘那裡學習到唐代智儼法師的相關華嚴思想，然後基於自己的理解做了歸納整理。

韓國對於《華嚴經》的唯一註疏

從現存《華嚴經疏》的部分內容來看，是對於《華嚴經》經文逐字逐句的註釋書。這本編撰於新羅時代的注疏，是韓國佛教歷史上唯一的一部針對《華嚴經》的著作，所以有著特別意義。可惜的是，由於種種原因，本疏只有很少一部分傳世。

就僅存的部分來看，元曉起初是在《華嚴經》中探尋大乘思想的本質。在義湘入唐求法、學成歸國之後，從他那裡學習到大唐的華嚴思想，繼而有所觸動，開始對經典中的概念進行詳細解讀；到了晚年，則是對《華嚴經》通篇進行詳細的註釋，可惜中間輟筆。

至於《華嚴經綱目》和《大乘觀行》的內容，因為沒有相關資料，所以對於文本的內容和特點不得而知。僅從題目來看，《大乘觀行》與《一道章》的編撰時期和特點也許差不多。《華嚴經綱目》只出現在日本的目錄中，可能即是《華嚴經宗要》；因為，日本的目錄中缺少《華嚴經宗要》這一文獻。

在元曉編撰之有關《華嚴經》的各種著述中，傳播最廣、影響最大的應該就屬《華嚴經疏》了。有關《華嚴經疏》的記載，在高麗義天所著《新編制宗教藏叢錄》第一卷中有「原為八卷，後將其中五卷和《宗要》合為十卷」的註解；此外，《佛典所抄目錄》上卷中也記載到有「《華嚴經疏》十卷」。由此可知，此經疏一開始是八卷，後來被重新編輯成十卷。

不過，現存本只剩下序部分以及第三卷〈如來光明覺品〉。《三國遺事》中記載：「（元曉）曾住芬皇寺纂華嚴疏，至第四十〈回向品〉終乃絕筆。」

位於今慶州市的芬皇寺，是在新羅第二十六代王善德女王統治的第三年，即西元六三四年修建的。在新羅時期，芬皇寺的規模要比現在大得多，九層石塔巍然聳立；景德王十四年（西元七五五年），還請當時著名的工匠強古塑造了重達三十六萬六千七百斤的藥師如來像。

如今的芬皇寺只保留有小法堂、水井、以及被指定為國寶的三層石塔（原為九層石塔）。今日殘存的芬皇寺三層石塔，其瓦狀的黑色安山岩，與花崗岩門上浮雕的白色金剛力士像，形成強烈對比。雖然其昔日的威容已然不在，但其存在本身就具有著重要的歷史意義。

元曉，曾在這裡生活和修行。他何時來到這所寺院，已不得而知；唯一知道的是，此處為他的終老之地。

新羅神文王六年（西元六八六年），元曉在芬皇寺著《華嚴經疏》至四十回〈回向品〉時絕筆。是年三月三十日，在慶州南山的穴寺圓寂，世壽七十。他的兒子薛聰將其遺骸和土塑像，安奉於芬皇寺中，以表追思之意。為了紀念他，還樹立了一塊〈和諍國師碑〉，乃至之後以「芬皇宗」來稱呼傳承了元曉思想的宗派。

元曉在這裡編撰了八卷本的《華嚴經疏》。此經疏是對真諦翻譯的六十華嚴的註釋，也是韓國佛教史上的唯一一部針對《華嚴經》的註疏。

圓滿無上頓教法輪

《華嚴經疏》的序文如下：

原夫無障無礙法界法門者，無法而無不法，非門而無不門也。爾乃非大非小，非促非奢，不動不靜，不一不多。由非大故，作極微而無遺；以非小故，為大虛而有餘。非促之故，能含三世劫波；非奢之故，舉體入一剎。不動不靜故，生死為涅槃，涅槃為生死；不一不多故，一法是一切法，一切法是一法。如是無障無礙之法，乃作法界法門之術。諸大菩薩之所入也，三世諸佛之所出也；二乘四果之聾盲，凡夫下士之所笑驚。若人得入是法門法，即能不過一念，普現無邊三世；復以十方世界，咸入一微塵內斯等道術，豈可思議？然依彼門，用看此事，猶是一日三出門外，十人共坐堂內徑然之域，有何奇特？況乎須彌入於芥子者，稊來入於大倉也；方丈內乎眾座者，宇宙內於萬物也，內入甚寬，何足為難乎哉？若乃鳳皇翔於青雲，下觀山嶽之卑；河伯屆乎大海，顧羞川河之狹；學者入乎此經普門，方知會學之齷齪也。然短翮之鳥，庇山林而養形；微鰲之魚，潛涓流而安性；所以淺近教門，亦不可已之耳。

> 今是經者，斯乃圓滿無上頓教法輪，廣開法界法門，顯示無邊行德；行德無畏而示之階階，故可以造修矣；法門無涯開之的的，故可以進趨矣。趨入彼門者，即無所入故，無所不入也；修行此德者，即無所得故，無所不得也。於是三賢十聖，無行而不圓；三身十佛，無德而不備。其文鬱鬱，其義蕩蕩，豈可得而稱焉？
>
> 所言「大方廣佛華嚴」者，法界無限，「大方廣」也；行德無邊，「佛華嚴」也。非大方無以廣佛華，非佛華無以嚴大方，所以雙舉方華之事，表其廣嚴之宗。所言「經」者，圓滿法輪，周聞十方；無餘世界，遍轉三世；無際有情，極焉窮常，故名曰經。舉是大意，以標題目，故言道大方廣佛華嚴經也。

考察現存殘本的內容可知，在序文的一開始，首先對「重重無盡緣起」進行了論述：因為「緣起」，故「一法」即是「一切法」；然後指出《華嚴經》超越三乘，是針對上上根機眾生的教法，元曉用「圓滿無上頓教法輪」來高舉表述之。

元曉認為，《華嚴經》的大意在於「普法」。「普法」是什麼呢？任何時候通曉的真理就是「普法」；無論在空間上還是在時間上，能貫通三世的法就是「普法」，這也就是《華嚴經》的世界。

他還說，《華嚴經》是十方三世佛菩薩的休息處，是一部說明佛陀內證外化世界的經典；內證即是諸大菩薩入智慧海，諸佛出現即是外化。

此外，元曉的「無礙」思想的源泉，即是來自於《華嚴經》中的「一切無礙人，一道出生死。」

元曉的華嚴思想還受到了他的老朋友義湘的影響。比如，他從義湘那裡知道了「數十錢喻」（註四）並編入了《華嚴宗要》裡，還向義湘當面請教了一些華嚴方面的問題。在韓國佛教史上，義湘被譽為海東華嚴初祖，但也有人認為是元曉，這也說明了華嚴教義在元曉的思想中所占據的比重。

韓國學界有一種觀點，即認為新羅的華嚴思想分為元曉和義湘兩大傳統；華嚴信仰的方面，延續了義湘的教誨；但在華嚴學方面，也許受元曉的影響更多。特別是元曉的華嚴思想，對後世高麗時代的見登和均如兩位高僧產生了深遠的影響。

總之，元曉的這部《華嚴經疏》不僅在朝鮮半島流傳，還被求法僧們帶到了中國和日本，成為東亞三國修學佛法者廣為閱讀的華嚴著作。需要特別說明的是，本疏中提出的獨特「判教」思想，受到了法藏等中國華嚴思想家們的關注；而在日本，該著作被列為是《華嚴經》的基本註釋之一，直到中世紀仍被頻繁地抄寫及傳誦。

於芬皇寺編撰的《華嚴經疏》，更加奠定了元曉作為海東佛教脊梁的地位。正所謂，「平生讀盡天下文，清嘯迅雷疾海東！」

《大乘起信論疏》

在元曉的著述中，與《大乘起信論》有關的著作最多。從他註疏的時間來看，所參考的應當是梁代真諦的譯本。根據他的著作目錄可知一共有七部相關著述：《大乘起信論疏》（兩卷）、《大乘起信論別記》（兩卷），《大乘起信論宗要》、《大乘起信論料簡》、《大乘起信論大記》、《大乘起信論私記》、《起信論一道章》。除了前兩部外，其餘均已佚失。

影響東亞佛教深遠的《大乘起信論》

《大乘起信論》略稱《起信論》，是大乘佛教的概論與綱領之作。全文篇幅不長，只有一萬一千字左右；但它結構嚴謹、析理清晰，是對隋唐佛教影響最大的一部論著。相傳為公元一、二世紀間的中印度僧人馬鳴所作。現存有兩個譯本：一為南朝梁·真諦所譯，一卷；一為唐代實叉難陀所譯，兩卷。其中，以真諦譯本較流行。

全書分因緣分、立義分、解釋分、修行信心分和勸修利益分五部分，將大乘如來藏思想和唯識說結合為一，闡明「一心」、「二門」、「三大」的佛教理論和「四信」、「五行」的修持方法。

一心，即「如來藏心」。萬法源出於此，包攝一切世間法和出世間法。

二門，指心真如門（清淨）和心生滅門（汙染）。心真如門有離言、依言兩種，心生滅門分流轉、還滅二門。

三大，謂體大、相大、用大。「體」即本體，又名真如，於中一切法平等，不增不滅；「相」即形相，又名如來藏，具有無量善性功德；「用」即功用，謂由此產生一切善因善果，為修證菩提妙覺之所由。

四信，指相信根本真如和佛、法、僧三寶。

五行，即修持布施、持戒、忍辱、精進、止觀（即包含禪定與智慧）五種德行。

其中心思想為論證「如來藏」（真如）與世界萬物的關係，並勸人信奉大乘佛教。認為如來藏由生滅心轉，實則不生不滅與生滅和合，非一非異；世界萬有都是「如來藏」的顯現，因而提出「真如緣起」說。進而勸導人們深信真如佛性和佛、法、僧三寶，修持布施、持戒、忍辱、精進、止觀等五行，以獲解脫。

由於此論結構嚴整、文義通順、解行兼重，古今學人盛行傳誦，視為大乘佛教入門之書。此論在中國傳習頗廣，真諦和他的弟子智愷以及隋代曇延、慧遠等都各造疏記，天台宗智顗、三論宗吉藏的著述中也曾引用此論。據說，玄奘從印度回國後，又將此論譯成梵文傳往印度。入宋以後，流傳更盛；直至近世，佛教各宗無不以此論為入道必經之途而加以傳習。此外，韓日古代高僧都對此論多有撰述，元曉就是其中的佼佼者。

元曉為何如此重視《大乘起信論》呢？這應該與當時佛教的發展在歷史上有著密切的關係。

眾所周知，隋唐是中國佛教宗派的形成期，也是中國佛教的大一統時期。自南北朝後期，中國北部出現地論學派，南方產生攝論學派，並逐步匯集成一股強大的思想潮流，取代了般若（三論）學、禪數（毗曇）學、涅槃（佛性）學等分散多元的形勢，最後形成以「真如緣起」為中心的主流哲學，為唯識宗窺基一系以外的所有佛教宗派所信奉。對這一主流哲學進行總結和概括的，便是陳隋之際產生的《大乘起信論》。這部論所體現的基本觀點，對於此後中國佛教的影響是巨大而深遠的，乃至對韓國、日本佛教思想的發展也有著難以估量的作用。

不過，《大乘起信論》從隋代開始就被視為偽經，認為它的作者、成書的時間與地點都缺乏明確記載；特別是它的思想，是否符合印度佛教的本義、究竟是中國的譯經還是中國的造經，是相當有疑問的。直到現代，學界還對這個問題爭論不止。(註五)

無論如何，《大乘起信論》代表了中國化佛教精神的基本方向，真偽與否並不影響其在中國佛教乃至世界佛教史上的作用與價值。

縱觀中國佛教史，《大乘起信論》具有非常重要的意義。它是佛教中國化的一個里程碑，標誌著具有中國特色的大乘佛教理論體系的構建，在中國佛教史上的影響是廣泛而深遠的。自它問世以後，中國佛教的各個派別（除唯識宗外）無不從中吸取思想素材，以豐富自己的理論體系，對天台宗、華嚴宗、禪宗、淨土宗的影響尤為顯著。

天台宗的「真如緣起論」，就借鑑了《起信論》中的「如來藏緣起論」。天台宗三祖慧思的《大乘止觀法門》，自始至終都在闡釋《起信論》中的思想；講到「心生萬物」、「止觀法門」等觀點時，甚至直接引用《起信論》的一些原文予以論證、闡述。

《大乘起信論》對華嚴宗的影響就更顯著。華嚴宗的實際開創者三祖法藏，便著有《大乘起信論義記》三卷和《大乘起信論義記別記》一卷，進一步闡釋《起信論》的思想觀點。華嚴宗五祖宗密在《原人論》中，直接採用了《起信論》的「本覺」觀。

禪宗和《起信論》都源於《楞伽經》，故《起信論》思想受禪宗重視並接受，是很自然的。

禪宗五祖弘忍在《最上乘論》中提出「一乘」為宗；一乘就是「一心」，也就是《起信論》中的心如真門。

六祖惠能主張「自識本心，自見本性」；這裡的「本心」、「本性」，就是《起信論》中所說的「本覺」。他所主張的「真如是念之體，念是真如之用」，就接近於《起信論》中的心真如門和心生滅門；他所提倡的「無念為宗」，就直接源於《起信論》的「若能觀察知心無念，即能隨順入真如門」之思想。

被尊為禪宗北宗開創者的神秀，其所提的「五方便門」中，第一門就是「離念門」；所謂「離念」，就是離卻妄念（有念），回歸到心真如——即本覺境地。這種思想也是完全取自《起信論》。

一心開二門

對「一心二門」的理論闡釋，堪稱《大乘起信論》註疏的一個重點。《起信論》認為，真如就是眾生本來具有的一心，一心又可以分成兩個門類。從本體上說它屬「心真如門」，從現象上說它屬「心生滅門」。真如本來清淨，但由於不守自性，隨緣起念，生出無明，從而產生生滅變化的萬事萬物，所以二者又是合而為一的。阿賴耶識也就是依於如來藏，而使真如與妄念的互相和合；在這個染淨和合的阿賴耶識中，染淨有如人的衣服上的香氣互相「熏習」，使得染法和淨法相續不斷。

元曉認為，「一心二門」是大乘佛法「一以貫之」的無上法門，一心總攝如來廣大深遠無邊的大義：

開則無量無邊之義為宗，合則二門一心之法為要，同一心而混融。是以開合自在，立破無礙，開而不繁，合而不狹，立而無得，破而無失。

也就是說，「一心」是一切世間法和出世間法的根本所在，「二門」只是在一心的基礎上的權宜展開，其目的在於論證大乘佛法的根本宗旨。

元曉對「真如」作了這樣的界定：

一切諸法有涅槃性，故言法性。言真如者，無遺曰真，無立曰如。此真如體無有可遣，以一切法悉皆真故；亦無可立，以一切法皆同如故。當知一切法不可說不可念，故名真如。

諸法的本性就是涅槃性，就是法性；之所以稱其為真如，是因其本質是去不掉的，也不是用言象可以建立起來的，它本來就是那個樣子。但是，為什麼要在一心中立「心真如」和「心生滅」兩個門類呢？

元曉從以下四個方面作了論證——

第一，說一心二門的目的在於弘揚佛道、教化眾生。元曉指出：

造論大意不出二種，上半明為下化眾生，下半顯為上弘佛道。所以眾生長沒生死之海、不趣涅槃之岸者，只由疑惑邪執故也；故今下化眾生之要，令除疑惑而捨邪執。泛論疑惑，乃有多途。求大乘者所疑有二，一者疑法，障於發心；二者疑門，障於修行。言疑法者，謂作此疑：乘法體為一為多，如是其一，則無異法；無異法故，無諸眾生，菩薩為誰發弘誓願？若是多法，則非一體；非一體故，物我各別，如何得起同體大悲？由是疑惑，不能發心。言疑門者，如來所立教門衆多，為依何門初發修行？若共可依，不可頓入；若依一二，何遣何就？由是疑故，不能起修行。故今為遣此二種疑，立一心法，開二種門。

歸結為一點就是：衆生對大乘佛教中的法體、法門中的一與多、體與用的關係，總是存在著非此即彼的片面理解，不能夠融通；為了開示衆生，不得不「立一心法，開二種門。」

元曉接著說：

立一心法者，遣彼初疑。明大乘法唯有一心，一心之外更無別法。但有無明迷自一心，起諸波浪，流轉六道；雖起六道之浪，不出一心之海。良由一心動作六道，故得發弘濟之願；六道不出一心，故能起同體大悲。如是遣疑，得發大心也。

開二種門者，遣第二疑。明諸教門雖有衆多，初入修行不出二門。依真如門修止行，依生滅門而起觀行；止觀雙運，萬行斯備。入此二門，諸門皆達。

如是遣疑，能起修行也。

此處，元曉不僅再一次強調了「一心」是諸法的根本，還指出「二門」可以用來修習止觀，所謂「止觀雙運，彰顯一心。」

第二，從體用關係上看，一心二門包含著即體即用、體用一如的雙重意義。元曉指出，一心總攝諸法全體，除此之外，別無它體。「今大乘中一切諸法皆無別體，惟用一心為其自體，故言法者為眾生心也。」如果諸法皆有自體，則萬法不同體，大乘之法就無異於小乘之法了。然而，心雖是一，大乘義廣，非有二門不能深入，此即「真如門中有大乘體，生滅門中有體相用。」

第三，從般若中道義上來說，生滅與真如非一非異，不離二邊。《大乘起信論》中曾多次以水與波的關係來比喻真如與妄念的關係，認為大海之水因為被風所吹而有波濤起伏、瞬息萬變，但海水的濕性則不會變異；真如也是如此，雖因無明風動而生起變化，但真如自性的清淨本性始終不變。元曉解釋道：

此中水之動是風相，動之濕是水相。水舉體動，故水不離風相；無動非濕，故動不離水相。心亦如是：不生滅心舉體動，故心不離生滅相；如是不離相，故名與和合。此是不生滅心與生滅和合，非謂生滅與不生滅心和合也。非一非異者，不生滅心舉體而動，故心與生滅非異；而恆不失生滅性，故生滅與心非一。又若是一者，生滅識相盡滅之時，心神之體亦應隨滅，墮於邊斷；若是異者，依無明風動之時，靜心之體不應隨緣，即墮邊斷。離此二邊，故非一非異。

第四，從理與事的關係上看，真如與生滅互為理事，理事合一。元曉用兩個問答對此予以展開及說明——

第一問：若此二門，各攝理事，何故真如門中但示摩訶衍體，生滅門中通示自體相用？

答曰：攝義示義異，何者？真如門是泯相以顯理，泯相不除，故得攝相；泯相不存，故非示相。生滅門者，攬理以成事；攬理不壞得攝理，攬理不泯故亦示體。依此義故，且說不同；通而論之，二義亦齊。是故真如門中，亦應示於事相，略故而說耳。

第二問：二門不同，其義已見。未知二門所攝理事，亦有隨門差別義不？答曰：隨門分別亦有不同。何者？真如門中所攝事法是分別性，以說諸法不生不滅、本來寂靜，但依妄念而有差別；故心生滅門所說法事是依他起性，以說諸法因緣和合、有生滅故。然此二性雖復非一而亦不異，何以故？分別法性本來非有，亦非不無；依他性法，雖復非有，而亦不無。是故二性亦不雜亂。

從以上兩則問答可以看出，元曉在本質上認為真如與生滅是同一不異的，但從事相上則指出兩者是有差別的。這正是佛法的偉大之處，可透過修行消除吾人的妄念差別，從而達到真妄合一的實相境界。

上述的四個方面，只是元曉註釋《大乘起信論》的一個側面。不過，僅就這些側面也可以看出元曉對大乘佛教理論的深人研究，他的理解顯然是契合

《大乘起信論》之一貫宗旨的。

由前述元曉對《大乘起信論》四個方面的解讀來看，元曉實際上多是採取《華嚴經》的圓融思想來消解諸家爭論。作為《大乘起信論》的擁護者，他始終提倡《華嚴經》的圓融，正所謂「佛以一音所說法，眾生隨類各得解。」他主張要融會各家、和諍諸門，最後使整個佛教和會歸一，這亦體現了佛教特有的寬博胸懷。

覺眼法師在《起信論海東疏刊行序》中寫道：

釋於《大乘起信論》之疏，振古凡有三品，曰法藏，曰慧遠，曰元曉，世謂之本論三師。就中先二疏行於世年已尚矣，是機緣方熟也。今斯疏唯聞有其本，更不閱之者，歲亦深焉，惟時宜未合也。所謂僧傳，清涼觀公於淮南法藏受海東起信疏義云：個書高出於諸師上者，以應知也；我之論章中往往引用，而未見其全釋。所以慵研和其釋之始末，因茲同門負帙者，各不能無遺憾矣。近來印氏某語餘言，或人咒這錦本，乃許於刻梓而流行。願垂考點，其言至切。餘復想遇時根適至。喜此疏入手，而點頭肯受，便捧讀訂校。雖然天稟駑駘，不獲罄力，奚敢覃思。俯祈達人幸為政諸。

覺眼在此提到了《大乘起信論》的三種註疏，分別為隋代之淨影寺慧遠、唐代之法藏及元曉所撰。作為《大乘起信論》早期的三位註釋者之一，元曉可以視為乃慧遠向法藏過渡的中介。如果說慧遠的《義疏》還反映了南北朝後期中國佛教各個學派分歧不一的矛盾，元曉的註解便客觀上反映了隋唐時期中國佛教走向一統的歷史趨勢；他圓融無礙的判教思想，又直接影響了華嚴宗的實際創建者法藏。

如覺眼於前引之序中所云：「清涼觀公於淮南法藏受海東起信疏義云，個書高於諸師之上者，以應知也，我之疏章中往往引用。」由此可知元曉對法藏乃至於澄觀之影響。

縱觀歷史，中國古代的一些主要佛教宗派在形成和發展過程中，都曾不同程度地受到《大乘起信論》的影響。而韓國佛教的脊梁——新羅元曉，在維護

《大乘起信論》的價值、以及發揮和運用其理論等方面，則有著時人無法比擬的貢獻。

弘揚大乘，元曉功不可沒！

【註釋】

註一：皇龍寺是新羅時代最大的伽藍，位於首都慶州中心地區，是新羅佛教的中心。始建於新羅真興王十四年（西元五五三年），歷時十七年，於真興王三十年（西元五六九年）正式完工。西元一二三八年遇蒙古入侵而化為灰燼。

一九六九年七月，在調查當地的講經閣過程中，發掘出金堂、講堂、以及塔址的基石。一九七六年，經過十七個月的挖掘過程，韓國最大的寺廟皇龍寺址出土，皇龍寺的規模相當於佛國寺八倍，面積大約為八千八百坪左右。皇龍寺址目前被指定為韓國第六號歷史遺跡。

註二：圓仁（西元七九三至八六四年），日本天台宗僧人，延曆寺第三世座主。俗始壬生氏，下野（今栃木縣）人。圓仁九歲出家，師事廣智，十五歲登比叡山師事最澄，學天台教義。二十一歲在東大寺戒壇受具足戒，二十四歲就最澄受圓頓大戒，旋於比叡山北谷結庵苦行，六年後始講學於法隆寺和天王寺等處。

西元八三八年，以請益僧身分隨遣唐使到中國求法，於揚州開元寺就宗叡學梵語，從全雅受金剛界諸尊儀軌等大法。嗣因在回國途中，遇風飄至山東文登縣，遂挂錫於赤山法華院。後得機巡禮五臺山，於大華嚴寺、竹林寺從名僧志遠等習天台教義，抄寫天台典籍，並受五會念佛法等。旋入長安，住資聖寺，結識名僧知玄，又從大興善寺元政、青龍寺法全、義真等受密法，從宗穎習天台止觀，從寶月學悉曇（梵語），前後歷時十年。

時值武宗禁佛，於宣宗大中元年（西元八四七年）攜帶佛教經疏、儀軌、法器等回國，深得天皇信任。於比叡山設灌頂臺，建立總寺院，弘傳密教和天台教義，並在常行三昧堂提倡淨土念佛法門。西元八五四年，為延曆寺第三代座主，繼承最澄遺志，大力弘揚大乘戒律；住寺十年，使日本天台宗獲得很大發展。卒後，清和天皇賜諡號「慈覺大師」。著作百餘部，最著名的有《入唐求法巡禮記》四卷。

註三：《入唐求法巡禮記》，佛教史傳，略稱《入唐巡禮記》、《巡禮記》《五臺山巡禮記》《巡禮行記》、《求法行記》《入唐記》等。為圓仁入唐求法九年（西元八三八至八四七年）中的日記，分四卷，詳述其親歷唐文宗、武宗、宣宗三代，地涉今江蘇、安徽、山東、河北、山西、陝西、河南七省的見聞。記述內容涉及日本遣唐使的組織、入唐使船的構造、中國大陸沿海的地理、唐時新羅人的通商，以及唐代都市和地方的行政、交通、習俗、年中行事，五臺山、長安的佛教，會昌禁佛的經過與節度使的反叛等。與玄奘的《大唐西域記》和馬可．波羅的《東方見聞錄》並稱為世界三大旅行記。一九五五年，美國賴肖爾（Edwin Reischauer）將其譯為英語；賴肖爾又自撰《圓仁在唐代中國的旅行》一書，同時在美國出版，並被譯為德、法兩種文字。

註四：義湘把智儼給出的「數十法」體系化的整理為「數十錢喻」的華嚴教義。「數十錢喻」是把華嚴的核心教義之一——「相入相即」的思想藉由「計算錢的比喻」進行簡單說明；韓國的元曉以及中國的法藏接受了這一思想，以後逐漸成為被眾人接受的華嚴中心教義。

「數十錢喻」便是運用「十錢」為比喻來說明十玄緣起無礙法，如下解釋異體無礙（相即、相入）、同體無礙（多即一、一即多）的義理。

異體無礙（相即、相入）——

相即：一即十、十即一。

相入：以十攝一、以一攝十。

同體無礙（多即一、一即多）——

多即一：不論是十枚銅錢或一枚銅錢，都是銅錢。

一即多：看到十枚銅錢當中的一枚銅錢，便等同於看到其他十枚銅錢。

註五：為《大乘起信論》之辯護，歷代有之，在此以民國以降之說為例。

清末民初之高僧虛雲老和尚曾說：「法末之時，佛所說的法，都要滅的。先從《楞嚴經》滅起，其次就是《般舟三昧經》。如歐陽竟無居士以他的見解作《楞嚴百偽說》，來反對《楞嚴》。還有香港某法師說《華嚴》、《圓覺》、《法華》等經和《起信論》都是假的，這就是法末的現象。」（選自虛雲老和尚自述年譜）

印光大師也對歐陽竟無之說批評道：「接手書，知閣下衛道之心，極其真切。而彼欲為千古第一高人之地獄種子，極可憐憫也。《起信論》之偽，非倡於梁任公（梁啟超）；乃任公承歐陽竟無之魔說，而據為定論，以顯己之博學，而能甄別真偽也。歐陽竟無乃大我慢魔種，借弘法之名，以求名求利；其以《楞嚴》、《起信》為偽造者，乃欲迷無知無識之士大夫，以冀奉己為大法王也。其人借通相宗以傲慢古今，凡台賢諸古德所說，與彼魔見不合，則斥云放屁；而一般聰明人，以彼通相宗，群奉之以為善知識。相宗以二無我為主，彼唯懷一我見，絕無相宗無我

氣分；而魔媚之人，尚各相信，可哀也！」（印光法師文鈔三編卷四〈復李觀丹居士書〉）

至於印順法師的見解，或可謂持平之論，謹徵引如下：

「《起信論》的價值，還得從長討論。我的看法是：一、印度傳來的不一定都是好的。中國佛教界，一向有推崇印度的心理，以為凡是佛典，只要是從印度翻譯來的就對；小乘論都是羅漢作，大乘論都是了不起的菩薩作。其實，印度譯來的教典，有極精深的，也有浮淺的，也有雜亂而無章的。所以，不要以是否從印度翻譯過來，作為佛典是非的標準。而且，印度也不少託名聖賢的作品；即使翻譯過來，並不能保證它的正確。

「二、中國人作的不一定就錯。佛法傳到中國來，中國的古德、時賢，經詳密的思考，深刻的體驗，寫出來的作品，也可以是很好的。如天台宗的典籍，主要是『智者大師說』的，不也還是照樣的崇敬奉持！有些人，重視佛法的傳承，以為從印度傳來的，就是正確的；中國人造的，都不可靠，這看法是太不合理了。其實師資傳承，也僅有相對的價值。印度、西藏，都大談師承，還不也是眾說紛紜，是是非非嗎？

「我們應該用考證的方法，考證經論的編作者，或某時代某地方的作品；但不應該將考證出來的結果，作為沒有價值或絕對正確的論據。在佛教思想上，《起信論》有它自己的價值。這不能和鑑別古董一樣，不是某時某人的作品，就認為不值一錢！

「義理正謬的問題站在唯識學的立場，評論《起信論》的教理不對，這不過是立場的不同，衡量是非的標準不同，並不能就此斷定了《起信論》的價值。佛法中的大小乘，有種種派別，像小乘有十八部、二十部之多。從大體上分，也還有：有部、犢子部、分別說部、大眾部的四大系。大乘中也有有宗、空宗的不同。佛法流行在世間，因為時、地、根機、方法的不同，演化成各部各派的佛法。現在來研究佛法，對各部各派的教理，可以比較、評論，但切不可專憑主觀，凡是不合於自宗的，就以為都是不對的、錯誤的。這種宗派的獨斷態度，是萬萬要不得的。

「站在唯識的立場，說別宗不對，不合正理；別的宗派，也可以站在另一立場，說唯識的不對，不符正理；但問題決不會因此就解決了。我認為，唯識學者對於《起信論》，應以討論、商榷的態度，不應以『同我則是，異我則非』的態度來否定《起信論》。然對於以唯識融會《起信論》，似乎也終於多此一舉。《起信論》與唯識論，各有獨特的立場，不同的方法，不同的理論，一定要說它們恰好會通，事實是不易做到的。學派的教理，既各有不同處，就是費盡力量以求圓融會通，而結果，別人也還是不會承認的。

「所以，我們先應瞭解他們的不同；不要偏執，也不要附會。先明白各論的特殊意義，再來考慮它在佛法中的地位。我覺得，我們應該這樣！」

參・和諍——天下無諍

統眾典之部分，歸萬流之一味；開佛意之至公，和百家之異諍。遂使擾擾眾生，僉歸無二之實性；夢夢長睡，並到大覺之極果。

看這世間紅塵滾滾，試問誰人能無過？七世紀的新羅戰亂頻繁，這是大眾的共業，無人能夠逃脫；唯有一心懺悔，才能獲得內心的安慰。

常行懺悔、圓融無礙

元曉的《大乘六情懺悔》既是他自己的內心告白，也是對大眾的囑託。《大乘六情懺悔》裡有長篇的偈頌，開篇如下：

若依法界始遊行者，於四威儀無一唐遊。念諸佛不思議德，常思實相朽銷業障。普為六道無邊眾生，歸命十方無量諸佛。

人人都想擺脫現實的束縛，過上自由自在的生活；然而，沉溺在日常沒有覺醒的生活，是不可能實現這個願望的。如何克服之？國家也罷，個人也罷，需要對過去發生的種種發露懺悔，才能為人生開闢一條全新的大道。

元曉說，所有的業力障礙都可以通過懺悔得以解脫，懺悔是無上清涼法；透過懺悔，洗刷生命中的汙點，回歸內心本來的清淨，直至懺悔的本體也都無處可尋。過去所做罪業皆由無始無明所致，此生幸得人身得聞佛法，就要對過去的自己做一個了斷。

今於此處蓮花藏界，盧舍那佛坐蓮花臺，放無邊光，集無量眾生，轉無所轉大乘法輪。菩薩大眾遍滿虛空，受無所受大乘法樂。而今我等同在於此一實三寶無過之處，不見不聞如聾如盲，無有佛性何為如是？無明顛倒妄作外塵，執我我所造種種業；自以覆弊不得見聞，猶如餓鬼臨河見火。故今佛前深生慚愧，發菩提心誠心懺悔。我及眾生無始以來，無明所醉，作罪無量；五逆十惡無所不造，自作教他見作隨喜。如是眾罪不可稱數，諸佛賢聖之所證知；已作之罪深生慚愧，所未作者更不敢作。

元曉說，眾生與佛菩薩本無不同，為何今日不見不聞呢？正是因為無明顛倒的業力所致；唯有發心懺悔，除此別無他法。

行者若能數數思惟如是實相而懺悔者，四重五逆無所能為；猶如虛空不為火燒，如其放逸無慚無愧，不能思惟業實相者。雖無罪性將入泥梨，猶如幻虎還吞幻師；是故當於十方佛前，深生慚愧而作懺悔。作是悔時莫以為作，應思惟懺悔實相；所悔之罪既無所有，云何得有能懺悔者？能悔所悔皆不可得，當於何處得有悔法？於諸業障作是悔已，亦應懺悔六情放逸。我及眾生無始已來，不解諸法本來無生，妄想顛倒計我我所；內立六情依而生識，外作六塵執為實有，不知皆是自心所作，如幻如夢永無所有。

一切業障都是因妄想而生；元曉說，纏綿往復的妄想隨眾生六根而起，從而引發六塵。元曉強調「要隨時覺醒」，作夢中佛事，懺悔眼耳鼻舌身意之罪根；因為，如果放任不管，我們將永遠陷入在痛苦之中。

為了不陷入生命的惡性循環，就必須痛下決心，懺悔六情，這就是元曉所說的大乘行者之懺悔。他是這麼說，也是這麼做的；唯有懺悔之後，才有可能接近更加清澈的本來，超越二諦，圓滿無礙。

佛教的真、俗二諦是最基本的理論原則，通達二諦的道理才可以通達佛教；反之，不瞭解二諦的道理則無法瞭解佛教。佛教主要目的是教人破除我執、法執而體認真實；唯有從事物的兩個對立方面互成互破，才能掃盡一切執著而顯現真實。因此，中觀特別重視二諦的應用。

二諦是俗諦與真諦。俗諦又名「世諦」，真諦又名「第一義諦」。「諦」，意為真理；真俗二諦，則是指稱事物所具有的兩面真理。

凡夫從時間上，由於經驗或習慣，所觀察的事物原理，名為世諦或俗諦；聖人由究竟處，體驗事物的真實情況——諸法實相，名為第一義諦或真諦。換言之，俗諦是事物於世間藉以運作的道理，真諦則是指事物「緣起性空」之真理。佛教認為，但從「有」或從「空」來理解事物，都是片面的，甚至是錯誤的；必須從空有兩方面來體認，方能得到實際情況。

元曉先是認識到世俗與出世真理的矛盾；後來經由閱讀《大乘起信論》而瞭解到，真俗平等、圓融無礙。他在《大乘起信論別記》中寫道：

曠兮！其若大虛而無私焉。蕩兮！其若巨海而有至公焉。有至公故，動靜隨成；無其私故，染淨斯融。染淨融故，真俗平等。

佛教講求圓融無礙。「圓」的意思是智慧圓滿，待人能夠通情達理，做事能夠進退隨緣；而「融」的意思是融洽，融洽以後才能得和諧。能夠圓融，心裡便會感受到安詳、自在和解脫，並能體悟到殊勝的寂靜境界了。

佛教主張要圓融無礙去待人處事，具足智慧能夠融洽不同的關係，與自然環境、社會環境及人文環境都能和諧共處，不令自己與他人生煩惱。因此，圓融和諧是智慧人生的表現。

《金剛經》云：「一切有為法，如夢幻泡影，如露亦如電，應作如是觀。」所有事物都是生滅法，都是變遷無常的，若有礙則不得自由。所謂「法不孤起，仗緣方生」，任何事情的背後都有錯綜複雜的關係，圓融方能無礙。

中國古話說「謀事在人，成事在天」。「天」是代表天時、地利、人和各種因緣條件的結合；只有因緣具足，和諧方能萬事功成。對國、對家、對個人，都是這個道理。

《般若心經》有云：

依般若波羅蜜多故，心無罣礙；無罣礙故，無有恐怖，遠離顛倒夢想，究竟涅槃。

這是釋迦牟尼佛讚歎觀自在菩薩得到大智慧、大自在；因為無罣礙，方能究竟涅槃，便是圓融無礙的境界。迷悟就在一念之間，人生若能超越得與失，便可心無罣礙，滅除煩惱。

而真俗之圓融無礙，可以通過「和諍」來實現。

這其實說明了，僅明白道理是沒有用的。正所謂「理可頓悟，事須漸修」；被感動的覺悟可以引發每個人內在的慈悲心，但這樣還不夠，除了時常的感悟，還要通過身體力行的濟世行，憂人所憂，體悟自利利他、眾生平等。如此才是「和諍」真實的力量，如此行「和」息「諍」者才是真正的菩薩。

《十門和諍論》

人世間，紛擾多多；逐名追利，心被物役，不肯停歇。人與人如此，國與國這般；言語不和，引發衝突，從而導致戰爭；或者為了追逐利益，把自己的幸福建立在他人的痛苦之上。

世界和平是人類的宿願。時至今日，雖然人類的文明程度越來越高，這個宿願卻是越來越模糊，各國之間紛爭頻起，宗教衝突更是成為令人頭疼的問題。於是，世界和平成為一個漫長而遙不可及的目標。

元曉所身處的七世紀，就是一個矛盾和戰爭頻繁的時代。朝鮮半島處在群雄割據的時期，獨立政權之間常常為了各自的利益而發生衝突，每個獨立政權的社會中也充滿了不和諧的因素。

例如，高句麗因為佛教的傳來，與先一步站穩腳跟的道教發生了矛盾；新羅的統治階級也因為是否接受佛教，而導致了統治者與官僚們的內部矛盾。

前面提及，元曉曾與義湘結伴入唐求法；途徑遼東時，被高句麗的邊防軍誤認為是間諜，抓進大牢關押了數日。之後雖然奇蹟般地被釋放，對他仍造成相當大的打擊。

在經歷了這許多磨難之後，元曉終得開悟，而開悟之後才是真正的修行；正所謂悟後起修，自利利他。

但是，如何利益大眾呢？元曉選擇了包容一切分裂和矛盾的和解之路，提出「和諍」思想，《十門和諍論》就是展現這一思想的代表作品。他提出的「百家和諍，即是佛意」，備受後人推崇，乃至在高麗時代被追封為「和諍國師」。

對於元曉來說，「和諍」既是他的治學方法，也是用來解決人生和世界問題的主要手段。所謂「和諍」，就是「和百家之異諍」的意思。元曉生活在佛教盛行的時代，傳入新羅的佛教各宗觀點紛呈，主張也不一致。而且，當時正值高句麗、百濟、新羅三國鼎立，彼此之間關係緊張，社會動蕩不安。

元曉的思想是從放下各執一端的分別法而承認「和」與「諍」的兩面性開始，他力圖將當時各宗各派的思想加以融合。

元曉認為，世界上所有的一切都源於「一心」。其次，他認為，無論是對真理或是往往會扭曲事實的語言本身而言，只要不認為唯有己方才是絕對正確，一切分歧和矛盾都會化為烏有。再次，他認為放下以己見為正見的固執，爭論就會得到解決。

元曉通曉《華嚴經》、《心經》、《涅槃經》、《解深密經》、《阿彌陀經》等大乘經典，對經律論三藏有很深的理解，在小乘佛教方面也很有造詣。他兼取大小乘佛教資源而建立其思想體系，這在他的《十門和諍論》、《大乘起信論疏》中都有一定體現。

在元曉眾多的著作中，《十門和諍論》是專門闡釋「和諍」思想的一部著作，此論可說將韓國佛教「圓融會通思想」充分地體現出來。他在《十門和諍論》中針對當時佛教界關注的十個問題進行了歸納總結，並給出了和諍的主要觀點。

可惜，因為種種原因，此書全本未能傳世，我們難以瞭解此論全貌，甚至連「十門」究竟指的是哪十種門都無法明白，只能透過現有的資料進行推理分析。

《十門和諍論》原有上下兩卷，現僅存海印寺（註一）的上卷殘本。保存在海印寺的這些殘本分別是上卷的第九、十、十五、十六、三十、三十一張；其中，第三十、三十一張破損嚴重，幾乎無法辨識。韓國近代佛教學者崔凡述對這些殘本進行了考證，並把識讀後的內容編輯，後被收錄到《韓國佛教全書》第一卷中。

因為判讀出的內容有限，既不是序文，也沒有跋文，所以有學者就此論是否為元曉的著作還提出過疑問。不過，因為〈誓幢和上碑〉的考古發掘，以及其他新羅高僧的引文佐證，所以可以確定此論的作者就是元曉。

元曉談及撰寫此論的緣由，即：

十門論者，如來在世，已賴圓音。眾生等……雨驟，空空之論雲奔。或言我是，言他不是；或說我然，說他不然，遂成河漢矣。大……山而投迴谷，憎有愛空，猶捨樹以赴長林。譬如青藍共體，冰水同源。鏡納萬形，水分……通融。聊為序述，名曰十門和諍論。

究竟《十門和諍論》中的「十門」是什麼意思呢？韓國早期的佛教學者已經就《十門和諍論》的基本屬性進行了研究。

例如，趙明基（西元一九〇五至一九八八年）在一九三七年就發表了《元曉宗師的十門和諍論研究》。與一般人對「十門」——元曉提出的十種和諍對象——的普遍認知不同，趙明基提出不同的觀點；他認為，十門的「十」是

「多」的意思，不是指具體的數量，而是多門、眾門的意思，與百家的意義類似。金相鉉（西元一九四七至二〇一三年）也認同這個觀點，即元曉並不是單純地局限在十個主題之內，而是在盡可能大範圍內展開討論。

亦有學者認為「十門」之「十」的確是指這個數目。一九七七年，李鐘益發表了《元曉的根本思想——十門和諍論研究》，此文傾注了作者大量的心血。他旁徵博引，復原了元曉提出的十門，對後來的研究者產生了非常大的影響。整理如下：

1. 三乘一乘和諍門（出自《法華經宗要》）
2. 空有異執和諍門（出自《十門和諍論》）
3. 佛性有無和諍門（出自《十門和諍論》）
4. 人法異執和諍門（出自《十門和諍論》）
5. 三性異執和諍門（出自《起信論疏》）
6. 五性成佛和諍門（其他文獻引用的和諍論）

7. 二障異義和諍門（出自《二障義》）
8. 涅槃異義和諍門（出自《涅槃宗要》）
9. 佛身異義和諍門（出自《涅槃宗要》）
10. 佛性異義和諍門（出自《涅槃宗要》）

以下，根據李鐘益整理出的十門做一簡單說明。

第一門，三乘一乘和諍門。這是和諍論的出發點，旨在說明三乘或一乘都是依據眾生根基而設定，三即一、一即三。

第二門，空有異執和諍門。在這一門裡，元曉認為「有」和「無」都是相通的，並不是對立的概念。

第三門，佛性有無和諍門。在這一門裡，元曉指出眾生皆有佛性。

第四門，人法異執和諍門。在這一門裡，元曉對於人界的佛教思想和法界的佛教思想所產生爭議的問題上，保持非同非異的和諍態度。

第五門，三性異執和諍門。在這一門裡，元曉對「遍計所執性、依他起性、圓成實性」這三性的思想進行了討論。

第六門，五性成佛和諍門。在這一門裡，元曉運用了他的空有理論將真諦與俗諦對五性（不定性、無種性、聲聞性、緣覺性、菩薩性）能否成佛的不同說法進行了討論。

第七門，二障異義和諍門。在這一門裡，元曉對所知障和煩惱障這二障中的隱性與顯性的根源所在進行了討論。

第八門，涅槃異義和諍門。不同立場的修學者對涅槃的不同理解所產生的異議，元曉在這一門裡通過一系列的論理將涅槃的真正含義展現出來。

第九門，佛身異義和諍門。在這一門裡，對於佛身的常和無常進行了探討。

第十門，佛性異義和諍門。在這一門裡，元曉對佛性的意義提出了不同的見解。

李鐘益認為，元曉《十門和諍論》的主線很大可能是就當時佛教界關注的十個義學問題提出綜合性的意見，力圖以他自己的佛學立場來「息諍」。

整體來說，元曉的和諍思想主要體現在《十門和諍論》、《涅槃經宗要》、《法華經宗要》、《金剛三昧經論》、《大乘起信論疏》以及《大乘起信論別記》等著作中。說明如下——

《涅槃經宗要》裡的和諍思想

元曉在《涅槃經宗要》中說：

無所不窮，以無涯故，無所不該，統眾典之部分，歸萬流之一味。開佛意之至公，和百家之異諍。遂使饒饒眾生，僉歸無二之實性；夢夢長睡，並到大覺之極果。

此段文字包含三層意思——

一，「歸萬流之一味」：「一味」是指佛教中的「真如」，「真如」是「空」，「空」的境界無所不包，包容一切事物、一切宗派、一切理論。這是在承認差異、矛盾前提下的包容，不是不分是非的調和，更沒有設定一個至高無上的統合一切的主體。這即是「虛空包容觀」。

二，「開佛意之至公，和百家之異諍」：「開佛意之至公」是大乘佛教的「平等法性，同體大悲」，籍此來融合眾說紛紜的百家，從而實現無諍。這即是「平等大悲觀」。

三，使眾生「歸無二之實性」：「無二之實性」就是「一心」，「一心」即是「眾生心」。他認為人心從根源上來說是相同的，這即是「一心同源觀」。

以上的「虛空包容觀、平等大悲觀、一心同源觀」，可以說是元曉「和諍」的理論基石。

《法華經宗要》裡的和諍思想

元曉在《法華經宗要》中闡釋了他所理解的《法華經》大意以及教說宗趣，

並簡明扼要地梳理了當時在中國佛教各宗派的佛學理論。

為進一步闡述《法華經》「三乘方便，一乘真實」的思想，元曉說：

如來法身，如來藏性，一切眾生，平等所有，能運一切同歸本原。由是道理，無有異乘，故說此法，為一乘性，如是名為一乘理也。一乘教者，十方三世一切諸佛，從初成道乃至涅槃，其間所說一切言教，莫不令至一切智地，是故皆名為一乘教。如方便品言，是諸佛亦以無量無數方便、種種因緣、比喻、言辭，而為眾生演說諸法，是法皆為一佛乘故，是諸眾生從佛聞法，究竟皆得一切種智故，是教會通十方三世，無量無邊，所以廣大。故一言一句皆為佛乘，一相一味是故甚深。如是名為一乘教也。

元曉認為，《法華經》的宗旨就是「一乘」，佛所說的一切法皆為一佛乘。而在說明關於「三乘」和「一乘」的關係時，元曉藉由「用三為一」、「將三致一」、「會三歸一」、「破三立一」來說明「三乘方便」、「一乘真實」的道理。在「會三歸一」的部分中，元曉還提出了「別教三乘」和「通教三乘」

的說法。

他以「一乘教」的意思為一切教言都引到一切智地，因此「一乘教」便包含了和諍思想。《法華經宗要》云：

言作因者，若聖若凡，內道外道，道分福分，一切善根，莫不同至無上菩提。如下文言或有人禮拜，或復但合掌，乃至舉手，復少傾頭，若人散亂心入於塔廟中，一稱南無佛，皆已成佛道，乃至廣說。本乘經言，凡聖一切善不受有漏果，唯受常住之果。大悲經言，佛告阿難，若人樂著三有果報，於佛福田若行布施諸餘善根，願我世世莫入涅槃；以此善根不入涅槃，無有是處。是人雖不樂求涅槃，然於佛所種諸善根，我說是人必入涅槃。尼犍子經一乘品言，佛語文殊，我佛國內所有僧伽尼乾子等，皆是如來住持力故，方便示現此諸外道；善男子等，雖行種種諸異學相，皆同佛法一橋梁度，更無餘度故。案云，依此等文，當知佛法五乘諸善及與外道種種異善，如是一切皆是一乘，皆依佛性無異體故，如《法華》論顯此義。

五乘諸善和外道異善都是一乘，因為它們都以佛性為根源；無論佛教還是非佛教的言教，都是真理的表達。這就是和諍思想的會通精神。

《大乘起信論疏》裡的和諍思想

《大乘起信論疏》是元曉非常重要的一部著作。在這部著作中，元曉把他的「和諍」思想鮮明地展現出來；同時，疏中也體現了他對《大乘起信論》的重視，因為他把《大乘起信論》視為「諸論之祖宗，群諍之評主」。

把元曉與法藏兩人對《大乘起信論》所做的「疏」加以比較，兩人的不同處是顯而易見的。元曉所著《大乘起信論疏》的「和諍」特點歸納起來有三點，整理如下——

其一，元曉對佛教諸宗派無明顯偏向，法藏則明確執持華嚴立場。例如，《大乘起信論》的「因緣分」中說：

所謂如來在世，眾生利根，能說之人，色心業勝，圓音一演，異類等解，則不須論。

元曉對其中的「圓音」做了詳細的分析與說明，他引述了三家的觀點，並以其「和諍」的思維方式，指出此三家觀點並非對立，只是略有差別，各自角度不同。

反觀法藏，他在其《大乘起信論疏》中，則只採用華嚴教理來解釋。可能是法藏認為，只有這種解釋才合理，不必援引其他宗派的解釋，只以華嚴思想為殊勝。

其二，元曉頗為注重唯識學，法藏則有意排除唯識。元曉在其《起信論疏》中儘管對大小乘、諸經論及各家各派的學說都採取了融會的態度，但他最顯著的傾向是熱衷於唯識和《起信》的和會。

例如，在元曉《起信論疏》關於相應與不相應、心相滅與心體滅、熏習、法身顯現等解釋中，以及《起信論別記》關於不生不滅與生滅的非一非異、現識、心不見心等註疏中，可以找出許多例證，而且時常是以問答的形式出現。其三，對「根機」問題的看法不同。元曉《大乘起信論疏》在開篇「標宗體」文中談到馬鳴作《起信論》的目的：

馬鳴菩薩，無緣大悲。傷彼無明，妄風動心，海而易漂；湣此本覺真性，睡長夢而難悟。於是同體智力堪造此論，贊述如來深經奧義，欲使為學者暫開一軸，遍探三藏之旨；為道者永息萬境，遂還一心之源。……雖是利根而不忍繁，此人唯依文約義豐之論，深解佛經所說之旨。

由此可知，元曉對於一個人的根機是利或鈍，並不看得那麼重要；字裡行間，充滿著對眾生的平等關愛和對人性本質的肯定，是他提出的「和諍」思想中的「大悲平等觀」與「一心同源觀」的體現。反觀法藏的《大乘起信論疏》則不然，他在註疏中反覆提到《起信論》是為「中下之流」而作，是對「劣根」人的教說。

從他們兩人的思想來看，二人都持「眾生皆有佛性」之觀點，為何又有「利根」、「劣根」之異呢？這一點或許要聯繫到二人對《大乘起信論》的態度來談。

元曉是將《大乘起信論》視為「諸論之祖宗，群諍之評主」的；而法藏之所以三番五次強調根機，則與其教判觀關係緊密。為了華嚴宗的發展，法藏處心積慮地為《華嚴經》乃至華嚴宗在整個佛教中的至高地位而努力，因此主張只有《華嚴經》一類的經論才是為利根所作，其他經論則只是方便說，為鈍根之人而作。如此一來，也就能夠理解法藏的眾生皆有佛性、但根機不同的思想了。

和諍思想對韓國的影響

佛教從印度經西域傳播到中原地區，與中國固有的道家和儒家思想進行了融合；在完成了中國化的改造之後，繼而傳播到鄰近的朝鮮半島和日本。當然，儒道兩家的思想早在佛教之前已經傳入了朝鮮半島，對其產生了重要的影響。

當佛教傳入朝鮮半島之後，也經歷了本土化的過程；在這個過程中，同樣與儒家、道家之思想衝突迭起。而元曉提出的和諍思想，對於當時不同宗派的思想進行了統合，豐富和發展了大乘佛教的理念，更加彰顯了佛教對其他宗教包容的特點。

元曉一邊鑽研佛理、撰述文章，一邊走街串巷、普及佛法。由於他的努力，除了王公貴族，一般民眾對於佛教也有了更多相對深入的瞭解，愚昧的心智被慢慢地啟發；上下兼度，讓佛教在新羅得到了普及。

正是基於元曉如觀世音菩薩那般：「以種種形，遊諸國土，度脫眾生。」「應以長者身得度者，即現長者身而為說法；應以居士身得度者，即現居士身而為說法；應以宰官身得度者，即現宰官身而為說法。」上至王公貴族，下到平民百姓，他都躬親教化，所以被後人視為觀世音菩薩的化身。

到了高麗時期，元曉思想的影響不斷擴大。高麗肅宗六年（西元一一〇一年），王下詔書追封元曉為和諍國師：「詔曰元曉義湘，東方之聖人也。無碑記謚號，甚悼之，垂無窮。其贈元曉大聖和靜國師，義湘大聖圓教國師。有司即所住處，敗德不暴，膚立石紀德。」（碑文中的「靜」字是「諍」之誤。）之後，在芬皇寺建有和諍國師碑，同時很多寺院還供奉有元曉的畫像；並出現了一個名為「海東宗」的宗派，繼承和發揚元曉提出的和諍思想。

高麗時代《三國史記》的作者金富軾，在其〈和諍國師影贊〉中說：

恢恢一道，落落其音；機聞自異，大小淺深。如三舟月，如萬般風；至人大監，即異而同。瑜伽名相，方廣圖融；自我觀之，無往不通。百川共海，萬象一天；廣炙大炎，莫得名焉。

高麗大覺國師義天對元曉的佛學思想也是推崇備至。義天在他編撰《國宗文類》第二十二卷「和諍論」中收錄了一首詩，以示對元曉的尊敬：

人心南北異，佛法古今同；不壞真明俗，還因色辨空。探幽唯罔象，失旨併童蒙；有著斯為諍，妄情自可通。

到了朝鮮時代，受到李朝官僚階層「崇儒抑佛」的影響，各種佛教宗派經歷了幾次的統合過程，其盛世已經不再。很多寺院都建在深山老林中，遠離首都開城。從宏觀來看，佛教的普及受到了非常大的影響，海東佛教的發展開始進入停滯期。但從微觀角度來看，朝鮮時代反而刊印了大量的佛教典籍，王室成員以及官員文人中不乏信奉佛教者，元曉的佛教思想也得到了傳承。

回頭來看，元曉提倡的「和諍」這一超越一切的論證方式和認識論，成為韓國古代治國安民的根本理念和思想方法，形成了延續至今的會通佛教傳統。由於和諍思想的存在，韓國的佛教形成了「通佛教」的特點，這是在和諍思想的實踐中得來的。

元曉本人的修學以及度眾活動，與新羅時代的其他高僧如圓光、慈藏、義湘等人的教法有很多不同；不過，殊途同歸，其本質是一樣的，即思考如何有效及深廣地傳布佛教。比如，元曉把深奧的佛教義理編成通俗歌謠，走街串巷向一般平民宣傳。他教化眾生的方式與大乘佛教的宗旨相通，經歷也因此比他人更豐富。

自古以來，韓國延續至今的儒釋道思想構成了其社會的基本規則，影響深遠，包括事君以忠、本親以孝的儒家思想，天人合一、自然無為的道家思想，大慈大悲、平等無礙的佛家思想；其中，元曉的和諍思想更是點睛之作。

元曉的和諍思想以「一心」為依據，幾乎涉及所有的佛教思想，並加入其獨特的見解而形成的。和諍思想的提出，既是為了緩解統一新羅時期許多宗派的紛爭以及矛盾，也是為了緩解當時社會民眾的精神痛苦。「和諍論」是元曉為治癒分割的國土、破碎的民心、分裂的情緒而採取的具體對策。

如果說要在現代用語中找一個與和諍類似的語詞，「溝通」是比較接近的；透過溝通，以求到達「統合」的最終目的。不過，和諍不僅僅只停留在單純的「溝通」上，而是有更為積極的作用和意義。

元曉的和諍思想，對於生活在現代的我們有很多啟示；不過，要真正能夠圓融無礙地把和諍思想實踐到我們的生活當中，還是需要覺悟的人才能夠做到。元曉說，在這之前要「歸一心源，饒益眾生」。經由持續不斷的努力和修行，相信總會有一天可以通過「和諍」這種方式，趣入圓融無礙的境地。

和諍思想之淵源

中國的儒釋道三學，對韓國產生了巨大而且深遠的影響；而經過了韓國本土化的儒釋道三學，又反過來促進了中國傳統文化的發展。因此，當我們研究中國的傳統思想文化時，也要去思考和研究韓國的傳統思想文化。同樣，當我們研究韓國的傳統思想文化時，更是不能忽略中國的思想文化。

因為儒釋道三學的核心內容都重視「和」；所以，中國古代以儒釋道為主線的各種思想流派，在歷史的發展過程中不斷走向融和，繼而表現出強大的生命力，並創造出燦爛的文化。

反觀韓國的傳統思想發展過程也是如此。在韓國的古代，新羅時期即有所謂「和白」。參考《新唐書·新羅傳》可知，其中有「事必與眾議，號和白，一人異則罷。」此處的「和白」不僅只是一種思想原則，而是已經付諸政治實踐，形成了一種固定的政治制度。新羅時代所具有的這種由「和」的思想原則所建立的政治制度，在古代國家的運作體系中可說是某種「民主」制度，這是中國古代政治制度中所沒有的。

當然，從其根源來看，隨著中國傳統思想傳到古代朝鮮半島，重「和」的思想當然也就傳至半島。所以，早在新羅時期，就已經繼承和發展了中國儒釋道三教融合的思想。

崔致遠在〈鸞郎碑序〉中說：

國有玄妙之道曰風流，設教之源，備詳仙史，實乃包含三教，接化群生。且如入則孝於家，出則忠於國，魯司寇之旨也；處無為之事，行不言之教，周柱史之宗也；諸惡莫作，諸善奉行，竺乾太子之化也。

可見，新羅的風流道（即花郎道），是在韓國傳統思想文化的基礎上，融會貫通了儒道兩家的「宗」、「旨」以及佛教的基本精神而成。據韓國學者考證，風流道的「風流」觀念，大概與韓國古代社會的原始信仰有關，由崇尚神仙的原始信仰，形成了喜好歌舞的民族傳統。所以，風流道的徒眾「或相磨以道義，或相悅以歌樂，游娛山水，無遠不至。」由此形成人與自然、人與人的和悅意境，並產生巨大的精神力量，從而得以培養出卓越的人才。

中國古人同樣有崇尚自然、喜好山水的傳統。例如，《莊子》中即有「天樂」、「人樂」之說；孔子也說過：「知者樂水，仁者樂山。知者動，仁者靜；知者樂，仁者壽。」

由此可知，中國古代的思想家也曾經提倡要把個人的仁智與自然的山水緊密結合起來，從而使得身心愉悅，繼而樂壽延年。可以說，這就是人與人之間的和諧、人與自然的和諧，以及人的肉體（外表）與精神（內在）的和諧。

不過，在東亞的傳統思想中除了「和」的一面，也還有「諍」的一面。「和」固然應當大力提倡，「諍」也要予以正視。

孔子是主張「和」的；但是，當他看到弟子冉有行為不當的時候，便很生氣地說：「非吾徒也，小子鳴鼓而擊之，可也。」號召他的門徒聲討其罪。孔子見季孫氏「八佾舞於庭」，壞了禮樂制度，亦發出了「是可忍，孰不可忍」的怒吼。

孟子也提倡「和」，卻也對其他思想派別批判得十分猛烈。例如，他斥責楊朱、墨翟是「無父無君」的「禽獸」。外人皆稱孟子「好辯」，他自我辯解說：「予豈好辯哉？予不得已也。」

可見，連孔孟也有時不得不爭，而且奮力去爭，後儒就更不必說了。

老子主張「無為，不爭」。他說：「夫唯不爭，故天下莫能與之爭！」這裡的「不爭」似乎是一種手段，而「天下莫能與之爭」才是目的；這雖是不爭之爭，但不爭之爭仍然蘊涵著「爭」。因此，《老子》五千言裡，站在道家立場與儒、墨、兵、法等學派的爭論內容屢見不鮮。

佛教主張「隨緣」，但也不是沒有爭。中國佛教各宗派的教判，都要對其他宗派評論一番，為自己的宗派爭最高地位。佛教學說中有「四諍」（言諍、覓諍、犯諍、事諍）、「四辯」（法無礙辯、義無礙辯、詞無礙辯、辯無礙辯）等，說明佛教也重視論辯，「諍」乃佛家常事。

儒釋道三家思想內部以及各派別之間，充滿著不同見解的爭論，這乃是不爭的事實。這是因為，自然界、人類社會以及人的內心世界，本來就充滿著各種差異、矛盾和鬥爭；這種客觀的差異、矛盾和鬥爭，自然會反映到人們的思想裡，人們的觀念、思想、理論乃至行為，就不可避免地有「爭」。

因此，不可簡單地從價值角度判斷「和」好還是「爭」好。「和」固然是我們的期望，而「爭」卻是必須面對而難以避免的。「和」與「爭」似是相互對立的；使二者實現辯證的統一、平衡，才是理想的境界。「和諍」的思維方式，就是努力追求這樣的平衡。

元曉首先作為一個「學佛者」，然後是佛學者。面對當時新羅乃至大唐佛教界「或言我是，言他不是。或說我然，說他不然」的宗派紛爭局面，經過對各宗派的深入研究和探討，繼承傳統的重「和」的理念，又正視「諍（爭）」的方面，由此提出自己的主張。他透過「和諍」理論，針對當時各種不同的思想派別進行融合會通。

然而，「和諍」不是無原則的調和，其中體現著對「諍」的肯定，承認各種思想理論的並存並行。因此可說，「和諍」是站在一種極高的境界上超越一般所謂「和」與「諍」的思維方式。

因為，世界一體都是有機的聯繫，牽一髮而動全身；所以要以小見大，具備宏觀視野。「立破無礙」，在這個過程中，擴展、統合都有可能，肯定或否定也沒有罣礙。

在爭論的過程中，往往只執著於自己的主張，聽不進對方的意見；自身的理解或主張便會受制於自己的立場和傾向等因素，在客觀上便難以由綜合的角度來思考。也就是說，人們很難從事物的本來面目去思考，因為這並非易事。

以自己的眼界去看，以自己的尺度去衡量，以自己為中心去認識，易產生自負和偏執，從而會影響到正確的判斷。此時需要「無心無念」——拋棄固定尺度，才能接觸到更廣闊的空間。走出兩邊，即是「方外」。然而，放空說得簡單，要真正做到這一點卻很難。

如果拘泥於狹隘的想法，片面堅持某個立場，或者把某個立場絕對化，就會出問題。元曉毫不客氣地說，有這種想法的人就是坐井觀天之輩；同時，他還斥責那些性情狹隘、柔弱的人，因為這些人固執己見、不肯接受他人的規勸。敞開胸懷，抬頭仰望天空，才會發現自己的渺小。

佛教博大精深，不偏不倚，行持中道；瞭解到這一點，就有助於我們瞭解這個世界，幫助我們更好地在這個世間生活。人世間常有情理相衝突的時候；元曉告訴大家，在這種情況下，要站在對方的角度思考，互相包容，互相安慰。

所以，元曉的和諍思想不僅對於佛教思想有意義，對於世事更加有意義。他在各種論疏中的教理探討，大乘小乘的優劣對比等，乃至他自己出家然後還俗的過程，可說是身體力行了其和諍思想。

或許可以認為，中國的儒釋道思想中重視「和」的傳統，就是元曉「和諍」思想的來源。

這也說明了，自古以來，東亞地區傳統思想的互通與互動。

文化無有國界，慈悲不設疆域。

和諍，繼而天下無諍。

【註釋】

註一：韓國有三寶寺院：佛寶通度寺保存佛舍利，法寶海印寺保存「八萬大藏經」，僧寶松廣寺輩出國師。

海印寺位於韓國伽耶山，在新羅時期是華嚴宗十大道場之一，現為曹溪宗五大叢林、三大寺、三十一座禪教大本山之一。寺內保存有高麗大藏經版，即所謂的「八萬大藏經」。一九九五年被列入《世界遺產目錄》。寺中藏經版庫裡存放著十三世紀雕刻的高麗大藏經版，共計八萬一千二百五十八塊，約五千二百萬字。這些經板刻於高麗高宗二十三年至三十八年（西元一二三六至一二五一年），歷時十五載，共有一千二百五十一部、六千七百九十一卷；每塊經版寬六十九點五公分，長二十三點九公分，每版二十二行，每行約十四個字。在平整而有光澤的版面上雕刻之成千上萬的字，均以歐陽詢體刻成，八萬多塊經版如出一人之手；其高超的木版雕版印刷技術水平，在世界文化出版史上占有重要的地位，是研究世界佛教的寶貴文獻。

「八萬大藏經」是現存大藏經中歷史最久、內容最豐富、舉世公認的標準大藏經和佛教全書，日本新修大藏經時以此為準。

大藏經在高麗王朝時代曾收藏於江華島傳燈寺內，到李氏王朝太祖七年（西元一三九八年）運至海印寺，保留至今。

儲藏大藏經版的版庫建成於西元一四八八年，藏經版殿按南北方向並行排列，有兩座大規模建築。建成後從未遭受過戰亂和火災，是世界上唯一一座保管大藏經的建築。

附錄

元曉大師年譜

歲數 — 西元 — 中國年號 — 新羅年號

一歲　六一七　隋大業十三年　眞平王三十九年
出生於押梁郡的佛地村，俗姓薛，乳名誓幢。祖父是仍皮公，父親是談抹。

二歲　六一八　唐高祖武德元年　眞平王四十年
是年五月二十四日，李淵在長安稱帝，改元武德，國號唐，李淵即唐高祖。
玄奘法師十九歲，與兄長長捷法師行達長安，大約在冬季抵達成都。

八歲　六二五　唐高祖武德八年　眞平王四十七年
義湘法師在慶州出生。

十歲　六二七　唐太宗貞觀元年　眞平王四十九年
玄奘法師二十八歲，八月與僧人孝達等結伴西行求法。

十五歲　六三一　唐太宗貞觀五年　眞平王五十三年

元曉出家。《宋高僧傳》中記載：「丱髮之年，惠然入法。」

十六歲　六三二　唐太宗貞觀六年　善德女王元年

二月，善德女王金德曼以大臣乙祭執掌國政。

同年冬十月，金德曼派遣使者慰問新羅國內鰥寡孤獨和生活不能自足的人，並且賑濟撫恤。

十二月，派遣使者到唐朝朝貢。

十七歲　六三三　唐太宗貞觀七年　善德女王二年

正月，金德曼親自祭祀神宮，並且大赦天下，免除各州郡的一年賦稅。

七月，再度派遣使者到唐朝朝貢。

八月，百濟侵犯新羅西部邊境。

十八歲　六三四　唐太宗貞觀八年　善德女王三年

正月，芬皇寺修建完成。

十九歲　六三五　唐太宗貞觀九年　善德女王四年

唐朝派遣使者冊封金德曼為柱國、樂浪郡公、新羅王。

慶州靈廟寺竣工。

二十歲 六三六 唐太宗貞觀十年 善德女王五年

皇龍寺舉辦百高座會並開講《仁王經》，准許一百人出家為僧。

慈藏法師入唐求法。

二十二歲 六三八 唐太宗貞觀十二年 善德女王七年

高僧圓光法師入寂。

二十四歲 六四〇 唐太宗貞觀十四年 善德王九年

四月，金德曼派遣新羅子弟赴唐，請入國學。

二十七歲 六四三 唐太宗貞觀十七年 善德女王十二年

新羅遭到高句麗、百濟攻打，金德曼派遣使者前往唐朝，請求唐朝派兵援救。

唐太宗李世民親征高句麗，命新羅率兵以分散高句麗兵力，金德曼遂派兵五萬人進攻高句麗南部邊境。

入唐新羅僧慈藏應善德女王之請返回新羅，攜帶藏經、佛像而歸。

二十八歲

六四四　唐太宗貞觀十八年　善德女王十三年

十九歲的義湘在皇福寺出家。

二十九歲

六四五　唐太宗貞觀十九年　善德女王十四年

唐太宗親征高句麗，金德曼發兵三萬以助之。

在慶州皇龍寺修建九層木塔，以對峙外敵入侵。

玄奘法師四十六歲，正月回到長安，二月至洛陽謁太宗，後返回長安弘福寺奉旨譯經。

三十一歲

六四七　唐太宗貞觀二十一年　善德女王十六年

正月，大臣毗曇、廉宗謀反，所幸並未成功，金德曼卻在此時去世，謚號善德，唐朝追贈她為光祿大夫，葬於狼山。因無子嗣子，由堂妹金勝曼（真德女王）繼位。

元曉前往靈鷲山磻高寺親近朗智法師，寫下了〈初章觀文〉和〈安身事心論〉。

還往吾魚寺請教惠空法師佛法問題。

三十二歲

六四八　唐太宗貞觀二十二年　眞德女王二年

真德女王改元太和，派遣伊飡金春秋（之後的武烈王）到唐朝請攻百濟。

三十三歲

六四九　唐太宗貞觀二十三年　眞德女王三年

正月，號令全國服中國（唐朝）衣裳。

三十四歲

六五〇　唐高宗永徽元年　眞德女王四年

真德女王織錦作五言〈太平頌〉遣使獻予唐高宗，並開始行中國「永徽」年號。元曉和義湘因仰慕玄奘法師高名，相約結伴入唐求法，此為首次入唐。途徑高句麗，被視為間諜逮捕與囚禁；歷經十幾日命懸一線的牢獄之災，幸而最終得以脱身。第一次入唐求法因而失敗。

高句麗高僧普德避難至完山州的孤大山（今高德山），遭遇挫折的元曉和義湘便在其門下學習《涅槃經》及《維摩經》。

三十八歲

六五四　唐高宗永徽五年　眞德女王八年

春三月，真德女王去世，唐高宗為之舉哀，追贈開府儀同三司，賜給彩緞三百。命太常丞張文收持節前往吊祭。

金春秋繼襲王位，即武烈王。

四十四歲

六六〇　唐高宗顯慶五年　武烈王七年

新羅和大唐的聯合軍隊消滅了百濟。

四十五歲　六六一　唐高宗龍朔元年　文武王元年

元曉與義湘第二次踏上入唐求法之路，這次兩人選擇水路。在陸路前往港口的過程中，一晚大雨磅礴，兩人避難於荒郊野外。次日早上醒來一看，才發現二人所在之地是一處墳墓。元曉當下覺悟「一切唯心造」，所謂「三界唯心，萬法唯識；心外無法，胡用別求。」當下決定不去遙遠的大唐學習佛法。元曉便目送義湘孤身繼續入唐之路，自己則返回新羅。

返回新羅後的元曉，與寡婦公主——瑤石相遇，兩人生下薛聰。元曉還俗，自號小性居士。自此翻山越嶺、走街串巷，通過舞蹈的形式，把高深的佛法簡化為一般百姓能理解的內容。《三國遺事》中記載：「嘗持此千村萬落，且歌且舞，化咏而歸，使桑樞瓮牖、玃猴之輩，皆識佛陀之號，咸作南無之稱。曉之化大矣哉！」

四十六歲　六六二　唐高宗龍朔二年　文武王二年

據傳，二月，元曉破解唐將軍蘇定方留下的密碼文書，為處於危機的新羅軍隊提供了重要的協助。

四十八歲　六六四　唐高宗麟德元年　文武王四年

玄奘法師於二月五日夜半圓寂，終年六十五歲。生平譯經七十五部。一千三百三十五卷，並撰《大唐西域記》十二卷。

五十歲　六六六　唐高宗乾封元年　文武王六年

針對唐玄奘法師對於「唯識無境比量」的注釋，元曉提出了相違的意見；新羅僧順憬把元曉的見解帶到了大唐。

五十二歲　六六八　唐高宗總章元年　文武王八年

新羅和大唐聯合軍又消滅了高句麗。

五十五歲　六七一　唐高宗咸亨二年　文武王十一年

歲在辛未七月十六日，元曉駐錫行名寺，完成了《判比量論》。

五十六歲　六七二　唐高宗咸亨三年　文武王十二年

義湘自唐返回新羅，在唐學習生活了十二年。義湘把智儼給出的「數十錢法」體系化地整理為「數十錢喻」的華嚴教義，元曉以及法藏都接納了這一思想。

是年，元曉前往東海附近的洛山求見觀音真身。

六十歲

六七六　唐高宗儀鳳元年　文武王十六年

春二月，義湘前往太白山創建了浮石寺，海東華嚴自此創宗。

新羅軍隊把大唐軍隊趕出自己的領地，終於真正地實現了「三國」統一。

元曉的《金剛三昧經論》可能完成於六十歲之後。

六十三歲

六七九　唐高宗調露元年　文武王十九年

秋日，文武王下令在首都慶州創建了四天王寺。

六十六歲

六八二　唐高宗永淳元年　神文王二年

感恩寺創建。

六十九歲

六八五　唐武則天垂拱元年　神文王五年

春三月，奉聖寺竣工。

夏四月，望德寺落成。

七十歲

六八六　唐武則天垂拱二年　神文王六年

元曉在芬皇寺編撰《華嚴經疏》，至第四十回〈回向品〉時因身體不適而擱筆。

是年三月三十日，在慶州南山的穴寺圓寂。

其子薛聰把元曉的遺骸塑像，供奉在芬皇寺。

七〇二　唐武則天長安二年　孝昭王十一年

義湘圓寂，享年七十八歲。

七八〇　唐德宗建中元年　惠恭王十六年

元曉的玄孫薛仲業，作為新羅使臣出使日本；一位日本大臣因讀過元曉的《金剛三昧經論》而贈詩給他，表達讚歎之情。

一〇八六　北宋元佑元年　高麗宣宗二年

大覺國師義天擔任教藏都監，開始刊印教藏，即續藏經；其中收錄了元曉的著作四十四部、八十七卷。

一一〇一　北宋建中靖國元年　高麗肅宗六年

八月，高麗王追贈元曉為「和諍國師」，義湘為「圓教國師」，並下令在其曾駐錫過的寺院立碑為念。

一一二六　北宋靖康元年　高麗仁宗四年

入宋高麗使節金富軾，把元曉的論疏二百卷帶給圓照梵光（西元一〇六四至一一四三年），請其在中國流通。

參考資料

【古籍】

釋贊寧，《宋高僧傳》，上海古籍出版社。

一然，《三國遺事》，首爾：高麗文化社。

金富軾，《三國史記》，首爾：春潮社。

【韓文著作】

金相鉉，《元曉研究》，民族社。

金相鉉，《역사로 읽는 원효（史讀元曉）》，高麗院。

金知見，《元曉大師의哲學世界（元曉大師的哲學世界）》，民族社。

李炳學，《역사 속의 원효와 『금강삼매경론』（歷史上的元曉與金剛三昧經論）》，慧眼。

李光洙，《원효대사（元曉大師）》，華楠。

朴泰圓，《원효사상연구（元曉思想研究）》，蔚山大學出版社。

鄭守一，《（춤추는 스님）원효 대사（舞動的元曉大師）》，雲珠社。

【中文著作】

陳景富，《中韓佛教關係一千年》，宗教文化出版社。
湯用彤，《隋唐佛教史稿》，中華書局。
釋印順，《初期大乘佛教之起源與開展》，中華書局。

【期刊論文】

徐文明，〈《金剛三昧經》作者辨〉，中國文化研究。
敖英，〈關於《金剛三昧經》的兩個問題〉，延邊大學學報，第四十二卷第三期。
張文良，〈新羅元曉與清涼澄觀〉，佛學研究，二〇一七年第一期。
魏常海，〈元曉和諍論與中國儒釋道思想〉陝西師範大學學報，第三十五卷第一期。

【網路資源】

報佛恩網 http://bfnn.org/
學佛網 http://www.xuefo.net/
百度百科

國家圖書館出版品預行編目（CIP）資料

元曉大師：海東菩薩／郭磊編撰 一初版
臺北市：經典雜誌，慈濟傳播人文志業基金會，2019.11
400 面；15×21 公分 —（高僧傳）
ISBN 978-986-98029-3-2（精裝）
1. 釋元曉 2. 佛教傳記
229.5　　108017937

元曉大師——海東菩薩

創 辦 人／釋證嚴

編 撰 者／郭　磊
主編暨責任編輯／賴志銘
行政編輯／涂慶鐘
美術指導／邱宇陞
插圖繪者／林國新
校對志工／林旭初

發　行　人／王端正
合心精進長／姚仁祿
傳　播　長／王志宏
平面內容創作中心總監／王慧萍

內頁排版／尚璟設計整合行銷有限公司
出 版 者／經典雜誌
慈濟傳播人文志業基金會
112019臺北市北投區立德路2號
客服專線／（02）28989991
傳真專線／（02）28989993
劃撥帳號／19924552　戶名／經典雜誌
印　　製／新豪華製版印刷股份有限公司
經 商 商／聯合發行股份有限公司
231028新北市新店區寶橋路235巷6弄6號2樓
（02）29178022
出版日期／2019年11月初版一刷
2021年12月初版四刷
定　　價／新臺幣380元